Anonymus

Sprachübungen für die dritte Klasse der Volksschulen

Anonymus

Sprachübungen für die dritte Klasse der Volksschulen

ISBN/EAN: 9783743326484

Hergestellt in Europa, USA, Kanada, Australien, Japan

Cover: Foto ©Paul-Georg Meister /pixelio.de

Manufactured and distributed by brebook publishing software
(www.brebook.com)

Anonymus

Sprachübungen für die dritte Klasse der Volksschulen

Sprachübungen

für die

dritte Klasse der Volksschulen.

Preis, in Leinwandrücken, 20 Neukreuzer.

Wien.

Im k. k. Schulbücher-Verlage.

1869.

Die in einem k. k. Schulbücher=Verlage herausgegebenen Schulbücher dürfen nicht um höhere als die auf dem Titelblatte angegebenen Preise verkauft werden.

Sprachübungen.

A. Lautlehre.

§ 1. Die S-Laute.

ſingen, ſagen (nicht ſingen und ſagen);
reiſen, reißen, weiſen, weißen.

Der S-Laut (Sauſelaut) kann **linde** oder **ſcharf**
ſein. In ſingen und ſagen ſteht der linde Sauſelaut (ſ),
in reißen und weißen der ſcharfe Sauſelaut (ß).

Seil, Same, Saat, Sack, ſäen, ſehen, ſanft.

ſ ſteht am Anfange eines Wortes.

Naſ-e, graſ-en, Haſ-e, Wieſ-e, leiſ-e, unſ-er.

ſ ſteht auch in der Mitte eines Wortes und
zwar als Auslaut der langen Stammſilbe, wenn ein
Selbſtlaut darauf folgt.

---

uns, aus, Haus, Maus, Glas, Gras.

s (Schluß-s) ſteht im Auslaut des Wortes.

Häuschen, Näschen, Mäuschen, Weisheit,
Miswachs, Zeugnis.

s ſteht im Auslaut der Silbe, wenn ein
anlautender Mitlaut folgt.

1 *

weisen — weißt statt weiset; reisen — reist statt reiset; lesen — liest statt lieset; blasen — bläst statt bläset.

st wird gesetzt, wenn in dem Worte ein Selbst-laut abgeworfen ist.

---

groß, heiß, Fleiß, gieß-en, schieß-en.

ß, (der scharfe Sauselaut) steht nur im Auslaut der langen Stammsilbe.

---

gie-ßen — goß; flie-ßen — floß; ich weiß — wissen, gewiß, die Wißbegier; vergaß, vergessen, vergiß, vergesset, vergeßt; hassen, Haß, gehässig, häßlich.

Nach einem kurzen Selbstlaut steht ſſ; folgt kein Selbst-laut darauf, so schreibt man ß.

Übersicht.

ſ	ſ	s	s	st	ß	ſſ	ſs
singen	Nase	das	Hausthier	liest	müßen	hassen	Haß
sagen	Hase	aus	Nashorn	speist	weiß	Fässer	Faß
suchen	grasen	Haus	eiskalt	braust	Schweiß	essen	iß!
Säge	mausen	Maus	dasselbe	haust	Gruß	wissen	gewiß
Siegel	leise	Gras	boshaft	tost	Ruß	nässen	naß.

Wende in Sätzen an:

Aas, ich aß (essen); aus, außen; blasen, blass; bis, Biss; büßen, Bissen (ein bißchen); das, daß; fasst, fast; frisst, Frist; hasst, hast, die Hast; heiser, heißer; ist, isst; Kissen, küssen, küßte, Kiste; las, lass, lasst, Last; müßen, missen; muß, Mus; Ruß, Russe; Nase, naß; niesen, genießen; Rieß (Papier), Riss; Rose, Rosse; weise, weiß; die Straße, die Gasse.

Schreibe folgende Sätze! Buchstabiere die Wörter mit den S=Lauten!

Glück und Glas, wie bald bricht das. Die Gottesfurcht ist der Weisheit Anfang. Ein gut Gewissen ist ein sanftes Ruhekissen. Süßer Wein gibt scharfen Essig. Stille Wasser sind tief. Lässige Hand macht arm. Fleiß macht heiß. Müßiggang ist aller Laster Anfang. Art läßt nicht von Art. Das ist die Liebe zu Gott, daß wir seine Gebote halten. Muß ist ein bitter Kraut. Alle Menschen müßen sterben.

§ 2. x, chs, ch, v und qu.

Hexe, Nixe, Taxe, Taxus (Eibenbaum), Text, fix, Fixstern, extra, examinieren, Examen, Felix.

x wird nur in fremden Wörtern gebraucht.

----

chs steht in

Flachs, flächsen, Flechse, Luchs, Fuchs, wechseln, Abwechselung, Wechsler, Weichsel, Deichsel, drechseln, Drechsler, Eidechse, sechs, Sechser, Sachsen, sächsisch, wichsen, Wichse, Büchse, wachsen, Wachsthum, Gewächs, Achsel, Lachs, Ochs, Wachs.

Diese Wörter sind in Sätzen anzuwenden.

----

ch = k im Anlaut kommt nur in Wörtern vor, welche aus fremden Sprachen stammen.

Christus, Christ, christlich, Christenthum, Christian, Christof, Chor, Choral, Charwoche (auch Karwoche), Charfreitag (auch Karfreitag), Charakter, Chronik.

Wende diese Wörter in Sätzen an! Ebenso die folgenden.

Unterscheide cks, gs!

stracks, Klecks, Knicks, Häcksel; Glück(e)s, Drucks, Geschicks, Bocks (in zusammengezogenen Silben); Gesangs, Klangs, Tags, unterwegs, flugs, Anhängsel, Gemengsel.

Unterscheide v und f!

Veilchen, Feile, Väter, Feder, Vetter, fetter (fett); Verse, Ferse, viel, fiel, für, vier, verfertigen.

---

v steht anlautend und auslautend.

Vater, väterlich, Vetter, Volk, bevölkern, Vogel, Vieh, Veilchen, Vogt, Vers, Violine, voll, vier, vierzig; Slave, Sklave, Pulver, Larve, Frevel, frevelhaft, Frevler, Nerv, brav, naiv — von, vor, ver.

---

qu steht für kw.

Qual, quälen, Quelle, Qualm, Quark, Quaste, Quarz, quaken, Quacksalber, quer, bequem, Quecke, Quecksilber, quitt, quittieren, Quittung, erquicken, Erquickung.

Schreibe folgende Sätze!

Vorsicht ist die Mutter der Weisheit. Alles wechselt, nur Gott bleibt ewig derselbe. Aus der Wolke quillt der Segen. Geschwindigkeit ist keine Hexerei. Füchse und Dachse haben Höhlen.

B. Formenlehre.

§ 3. Kenntnis des Hauptwortes.

Das Hauptwort benennt eine Person oder einen Gegenstand.

> Franz, Anna. (Namen von Personen.)
> Österreich, Böhmen. (Namen von Ländern.)
> Wien, Prag. (Namen von Städten.)
> Donau, Elbe. (Namen von Flüssen.)
> Alpen, Sudeten. (Namen von Gebirgen.)

Solche Hauptwörter heißen **Eigennamen.**

> Baum, Strauch, Pflanze, Mensch, Kind, Schüler, Feuer, Wasser, Wald, Feld, Gemeinde, Volk.

Diese Hauptwörter sind nicht die eigenen Namen der genannten Personen und Gegenstände; sie kommen nicht einzelnen Dingen allein, sondern einer ganzen Gattung ähnlicher Dinge zu. Man nennt sie **Gattungsnamen.**

> A ist ein Laut.
> Drei ist ein Wort.
> Der Mann, der das Wenn und das Aber erdacht, hat sicher aus Häckerling Gold schon gemacht.

Jedes Wort kann als Hauptwort gebraucht werden.

> Bilde aus folgenden Zeitwörtern Hauptwörter, und wende sie in Sätzen an!

> gehen, laufen, springen, grüßen, fragen, antworten, sehen, hören, riechen, schmecken, fühlen, empfinden.

Zu jedem der folgenden Hauptwörter setze ein anderes, welches das Gegentheil bezeichnet!

Jugend, Liebe, Dank, Eintracht, Nutzen, Glück, Lüge, Verschwendung, Leben, Gesundheit, Armut, Faulheit, Friede, Glaube, Freundschaft, Ruhe, Tugend, Ordnung, Licht, Wärme, Härte, Höflichkeit.

Einige Hauptwörter haben ein doppeltes Geschlecht. Ihre Bedeutung ist dann auch verschieden.

Z. B. Das Thor, der Thor.

Gib die Bedeutung folgender Wörter an!

Der See, die See; der Heide, die Heide; der Bund, das Bund; der Reis, das Reis; der Leiter, die Leiter; der Schild, das Schild; das Steuer, die Steuer; die Kiefer, der Kiefer; das Mark, die Mark; der Mast, die Mast; der Bauer, das Bauer; der Sprosse, die Sprosse; die Kunde, der Kunde; der Thor, das Thor.

---

§ 4. Starke Biegung des Hauptwortes.

Der Hirsch lebt im Walde.
Das Geweih des Hirsches ist zackig.
Der Jäger stellt dem Hirsch(e) nach.
Er erlegt den Hirsch.

Nimm die Biegung a. mit dem unbestimmten Geschlechtsworte vor, b. in der Mehrzahl!

Die Veränderung des Hauptwortes Hirsch auf die Fragen: wer? wessen? wem? wen? oder die Fallbiegung stellt sich also folgendermaßen dar:

1. Wer?	der Hirsch	ein Hirsch	die Hirsche
2. Wessen?	des Hirsches	eines Hirsches	der Hirsche
3. Wem?	dem Hirsch(e)	einem Hirsch(e)	den Hirschen
4. Wen?	den Hirsch	einen Hirsch	die Hirsche.

Biege in ähnlicher Weise die Hauptwörter:

Fisch, Hecht, Krebs, Hund, Tisch, Schuh, Schmied, Tag.

Die zweite Endung (der Wessenfall) hat in der Einzahl es, die erste Endung (der Werfall) hat in der Mehrzahl e.

In der dritten Endung der Einzahl kann das dem Hauptworte angehängte e, wenn es der Wohllaut erfordert, abgeworfen werden.

––––––––

Stelle eine Vergleichung zwischen dem Hirsch und dem Rehbock an!

Zu welcher Thierklasse gehören beide? Wo leben beide? Womit sind beide bewaffnet? Von wem werden beide verfolgt? Woburch nützen beide dem Menschen?

Welches von beiden Thieren ist größer? Wessen Geweih ist kleiner? Wessen Fleisch ist schmackhafter? Welche Wälder dienen dem Hirsch als Aufenthaltsort? Was für Wälder liebt das Reh?

––––––––

Der Fuchs ist schlau.

Die Schlauheit des Fuchses ist sprichwörtlich.

Der Iltis ähnelt dem Fuchs.

Der Jäger überlistet den Fuchs.

Wende in diesen Sätzen a. das unbestimmte Geschlechtswort an, b. drücke sie in der Mehrzahl aus!

Die Biegung ist folgende:

der Fuchs	ein Fuchs	die Füchse
des Fuchses	eines Fuchses	der Füchse
dem Fuchse	einem Fuchs	den Füchsen
den Fuchs	einen Fuchs	die Füchse.

––––––––

Biege ebenso die Wörter:

Bach, Ast, Platz, Korb, Storch, Dunst, Kamm.

Der Wessenfall hat in der Einzahl es; der Werfall hat in der Mehrzahl e und nimmt den **Umlaut** an.

Gib in folgender Beschreibung die Endungen an, in welchen das Wort Fuchs vorkommt!

Der Fuchs.

Das Aussehen d. F. zeigt uns, daß er mit dem Hunde verwandt ist. Der Kopf d. F. ist breit, Schnauze und Ohren sind spitz. D. F. hat schlanke Beine. Die Füße sind mit scharfen Nägeln versehen. Sein Fell ist gelbbraun, auf der Brust weiß. D. F. fallen viele Thiere zur Beute; er macht Jagd auf Hasen, Eichörnchen, Hühner und Tauben. Diese Thiere fliehen d. F. Er lebt in Höhlen und geht gewöhnlich nachts auf Raub aus. Der Jäger verfolgt d. F. Von d. F. benutzt man nur das Fell.

Der Apfel reift im Herbst.

Der Geschmack des Apfels ist säuerlich.

Die Sonnenwärme dient dem Apfel zur Reife.

Der Wind schüttelt den Apfel vom Baume.

Setze a. das unbestimmte Geschlechtswort! b. Sage diese Sätze in der Mehrzahl!

Die Fallbiegung ist:

der Apfel	ein Apfel	die Äpfel
des Apfels	eines Apfels	der Äpfel
dem Apfel	einem Apfel	den Äpfeln
den Apfel	einen Apfel	die Äpfel.

Der Wessenfall hat in der Einzahl s, der Werfall hat in der Mehrzahl den Umlaut.

Nimmt ein Hauptwort im Wessenfall der Einzahl es oder s und im Werfall der Mehrzahl e oder er oder auch den Umlaut an, so hat es die **starke Biegung.**

---

§ 5. Schwache Biegung des Hauptwortes.

Der Bär ist ein Sohlengänger.
Die Füße des Bären heißen Tatzen.
Süßigkeiten sind dem Bären angenehm.
Der Jäger verfolgt den Bären.

Übung wie oben: ein Bär, die Bären.

der Bär	ein Bär	die Bären
des Bären	eines Bären	der Bären
dem Bären	einem Bären	den Bären
den Bären	einen Bären	die Bären.

Das Hauptwort Bär hat im Wessenfall der Einzahl kein s und im Werfall der Mehrzahl nimmt es die Endung en oder n an.

Das ist das Merkmal der schwachen Biegung.

Eben so werden abgeändert:

Hase, Hirt, Herr, Gesell, Ochs, Bote, Fürst.

Gib in folgender Beschreibung die Fallbiegung an!

Der braune Bär.

Der br. Bär hat einen zottigen Pelz. Dieser wird im Alter grau. Die Länge d. br. B. beträgt etwa fünf Schuh. Er hat ein feines Gehör, einen feinen Geruch und ein scharfes Gesicht. Die Nahrung d. br. B. besteht den größten Theil des Jahres hindurch aus Fleisch. Im Herbst sind d. br. B. saftige Früchte willkommen. Honig ist seine Lieblingsspeise. In den Wäldern des nördlichen Europa finden wir d. B. heimisch; doch kommt er auch in der Schweiz und in Tirol vor. Man jagt d. B. mit großen Hunden, schießt ihn, oder fängt ihn in Gruben. Vertheidigt er sich gegen den Menschen, so stellt er sich auf die Hinterfüße.

§ 6. Gemischte Biegung des Hauptwortes.

Das Auge ist ein Sinneswerkzeug.

Die Decke des Auges heißt Augenlid.

Grelles Licht schadet dem Auge.

Die Schädelknochen schützen das Auge.

das Auge	die Augen
des Auges	der Augen
dem Auge	den Augen
das Auge	die Augen.

Das Hauptwort Auge verändert sich im Wessenfalle der Einzahl wie die Hauptwörter der starken Biegung (es, s) und in der Mehrzahl wie die der schwachen Biegung (en, n).

Eben so werden abgeändert:

Schmerz, Staat, Vetter, Hemd, Stral.

Gib an, in welchen Endungen der Ein= und Mehrzahl das Wort Auge vorkommt!

Das Auge.

Die Augen sind die Werkzeuge zum Sehen. In manchen Stücken sind d. A. der Thiere von menschlich. A. verschieden. Der Vogel schiebt während des Schlafs eine Nickhaut bis über die Mitte d. A. Die meisten Spinnen haben acht A. Die Schnecken tragen ihre A. an Stielen.

Auch an leblosen Dingen finden wir A. Kartoffelaug. werden in den Boden gesteckt. A. bemerken wir an den Bäumen und Sträuchern. Im Käse, im lockeren Brote und auf der Fleischbrühe sieht man ebenfalls A. Der Spieler zählt d. A. des Würfels.

D. A. ist des Leibes Licht. D. A. ist eher zu trauen als dem Ohre. Wer sich schämt, schlägt d. A. nieder. Die Sprache d. A. ist verständlich. Habe stets Gott vor A. und im Herzen!

Das Herz schlägt.

Die Schläge des Herzens kann man fühlen.

Kränkungen thun dem Herzen wehe.

Gott kennt das Herz des Menschen.

Übung wie früher: ein Herz, die Herzen.

das Herz	die Herzen
des Herzens	der Herzen
dem Herzen	den Herzen
das Herz	die Herzen.

Das Wort Herz biegt in der Einzahl stark (ens), in der Mehrzahl schwach (en).

Ebenso werden abgeändert:

Buchstabe, Funke, Same, Name, Gedanke, Haufe.

Die Königin der Bienen heißt Weisel.

Die Flügel der (Bienen-)Königin sind kurz.

Die Bienen folgen der Königin.

Die Bienen ernähren die Königin.

die Königin	die Königinnen
der Königin	der Königinnen
der Königin	den Königinnen
die Königin	die Königinnen.

Das Wort bleibt in allen vier Endungen der Einzahl unverändert, in der Mehrzahl biegt es schwach.

Verändere in gleicher Weise:

Freundin, Frau, Gabe, Gabel, Insel, Zunge, Decke, Wurzel, Ader, Laube.

Biegt ein Hauptwort in der Einzahl **stark** oder **gar nicht**, in der Mehrzahl aber **schwach**, so gehört es der **gemischten Biegung** an.

Bei der gemischten Biegung finden sich also die Merkmale der starken und schwachen Biegung vereinigt.

Setze folgende Hauptwörter in den Wessenfall der Einzahl!

Der Knabe, der Rabe, der Hase, der Affe, der Löwe, der Kleine, der Große, der Blinde, der Reiche.

Geht das Hauptwort im Werfalle der Einzahl auf en aus, so nimmt es im Wessenfalle gewöhnlich s an.

Der Garten (das Gras des Gartens).

Der Faden (die Länge des Fadens).

Das Leben (das Ende des Lebens).

Ordne die im folgenden Abschnitt vorkommenden Hauptwörter nach ihrer verschiedenen Fallwandlung! (stark, schwach, gemischt.)

Der Garten.

Im Garten stehen Bäume, Sträuche, Gemüse-arten und Blumen. Die Bäume tragen gewöhnlich essbare Früchte. Sie sind Obstbäume. Von den Sträuchen erhält man schmackhafte Beeren. Die Blumen sind eine Zierde des Gartens. Das Gemüse wird gegessen. Der Gemüsegarten ist in Beete abge-theilt. Zwischen den Beeten finden sich oft schmale Wege. Dieselben sind mit Sand beschüttet.

Der Garten wird auch von Thieren aller Art belebt. Auf den Bäumen schlägt im Frühling und Sommer der Fink. Im Herbst pfeift die Meise. Über den Blumen flattern im Frühjahr und Sommer verschiedene Schmetterlinge. Aus den Blumenkelchen saugen die Bienen den Honigsaft. An den Blättern nagt die Raupe. Am Boden bewegen sich Würmer, und im Laube findet man Käfer. Ein Garten ist nützlich und angenehm. Man muß ihn aber in Ordnung halten. Nur dann gewährt er Nutzen und Vergnügen.

§ 7. Biegung der Eigennamen.

Die Biegung der Eigennamen weicht von der Biegung der übrigen Hauptwörter ab.

Wer? Franz, Anton, Michael,
oder: der Franz, der Anton, der Michael.
Marie, Anna,
oder: die Marie, die Anna.

Wessen? Franzens, Antons, Michaels,
oder: des Franz, des Anton, des Michael.
Mariens, Annens,
oder: der Marie, der Anna.

Wem? Franzen, Anton, Michael,
oder: dem Franz, dem Anton, dem Michael.
Marien, Annen,
oder: der Marie, der Anna.

Wen? Franzen, Anton, Michael,
oder: den Franz, den Anton, den Michael.
Marien, Annen,
oder: die Marie, die Anna.

Merke die Biegungsform:
Jesus Christus, Jesu Christi, Jesu Christo, Jesum Christum.

Franz.

Wie heißt dieser Knabe? Wessen Bruder ist angekommen? Wem hast du einen Brief gebracht? Wen hast du gesehen?

Maria Theresia.

Welche Kaiserin hat über Österreich regiert? Wessen Regierung war segensreich? Wem verdankt Österreich viele Verbesserungen? Wen lieben die Österreicher?

Wien.

Welche Stadt ist die Residenz unsers Kaisers? Wessen Lage ist schön? Wem strömen viele Fremde zu? Wen oder was will jeder Österreicher gern sehen?

§ 8. Fallbiegung des Haupt= und Beiwortes.

Der fleißige Mann wird belohnt.
Der Lohn des fleißigen Mannes ist groß.
Dem fleißigen Manne wird Lob zutheil.
Wir achten den fleißigen Mann hoch.

Die fleißige Frau wird belohnt ꝛc.
Das fleißige Kind ꝛc.
Ein fleißiger Mann ꝛc.

Eine fleißige Frau ꝛc.
Ein fleißiges Kind ꝛc.
Die fleißigen Männer ꝛc.

Froher Muth ist Goldes wert.
Gesang ist ein Zeichen frohen (frohes) Muthes.
Frohem Muthe wird alles leicht.
Wir haben frohen Muth.

Stelle die Endungsfragen!

---

große Freude.

Große Freude ward den Ältern verkündigt.
Dein Fleiß war die Ursache großer Freude.
Großer Freude folgt bisweilen großes Leid.
Das Kind bereitete seinen Ältern große Freude.

frisches Wasser.

Frisches Wasser ist labend.
Ein Glas frischen (frisches) Wassers löscht den Durst.
Frischem Wasser verdankt der Mensch oft seine
Gesundheit.
Trinke frisches Wasser!

gute Menschen.

Gute Menschen thun andern Gutes.
Der Lohn guter Menschen ist ein frohes Bewußtsein.
Guten Menschen eifert nach!
Kennst du gute Menschen?

Das Beiwort biegt **stark**, wenn vor demselben weder ein Geschlechtswort noch ein anderes biegungsfähiges Bestimmungswort steht.

Das Beiwort biegt **schwach**, wenn vor demselben ein Geschlechtswort oder ein anderes biegungsfähiges Bestimmungswort steht.

Starke Biegung.

Einzahl.

hoher Berg	frische Luft	tiefes Thal
hohen Berges	frischer Luft	tiefen (es) Thales
hohem Berge	frischer Luft	tiefem Thale
hohen Berg	frische Luft	tiefes Thal.

Mehrzahl.

hohe Berge	frische Lüfte	tiefe Thäler
hoher Berge	frischer Lüfte	tiefer Thäler
hohen Bergen	frischen Lüften	tiefen Thälern
hohe Berge	frische Lüfte	tiefe Thäler.

Schwache Biegung.

der treue Freund	die treue Freundin
des treuen Freundes	der treuen Freundin
dem treuen Freunde	der treuen Freundin
den treuen Freund	die treue Freundin

das gute Herz
des guten Herzens
dem guten Herzen
das gute Herz.

ein treuer Freund	eine treue Freundin
eines treuen Freundes	einer treuen Freundin
einem treuen Freunde	einer treuen Freundin
einen treuen Freund	eine treue Freundin

ein gutes Herz
eines guten Herzens
einem guten Herzen
ein gutes Herz.

mein treuer Freund ꝛc.,   diese treue Freundin ꝛc.,

sein gutes Herz ꝛc.

Unterscheide in folgenden Sätzen die dritte und vierte Endung!

Wer einen treuen Freund hat, besitzt einen großen Schatz. Wir sollen unserem Feinde Gutes thun, und unserem Beleidiger verzeihen. Beleidige vorsätzlich keinen Menschen! Dem fleißigen Arbeiter hilft Gott. Ein böser Mensch kann viel Unheil stiften. Das Gewissen eines bösen Menschen ist in steter Unruhe. Einem bösen Menschen traut man nicht. Einen bösen Menschen wähle nicht zu deinem Gesellschafter.

———

Gib dem Hauptworte die richtige Fallbiegung! Wessen? wem? wen oder was?

Gehorche — Gesetz! Ehre — Kaiser! Gib — Kaiser, was des Kaisers ist! Meide — Verführer! Folge — Guten. — Jüngling mangelt — Erfahrung. Diene gern deinem Nächsten! Vergib dein— Feinde! Du wirst dein— Richter nicht entgehen. Unmäßigkeit schadet der Gesundheit. Ich habe mich mein— Auftrag— entledigt. Der Arzt verschreibt — Kranken — Arznei. Der Gerechte erbarmt sich sein— Vieh—. Wer ander— eine Grube gräbt, fällt oft selbst hinein.

———

§ 9. Die sechs Zeitformen des Zeitwortes.

Thätig und leidend.

Der Gärtner veredelt den Baum (gegenwärtig), während der Knecht das Beet gräbt.

Der Gärtner veredelte den Baum (vergangen), während der Knecht das Beet grub.

Der Gärtner wird den Baum veredeln (zukünftig), während der Knecht das Beet graben wird.

Durch die Veränderung des Zeitwortes wird angezeigt, ob das, was ausgesagt wird, gegenwärtig, vergangen oder zukünftig ist.

In obigen Sätzen sind die Thätigkeiten veredeln und graben noch nicht vollendet. Sie können aber durch Veränderung der Zeitwörter als vollendet bezeichnet werden.

Der Gärtner hat den Baum veredelt.
Der Knecht hat das Beet gegraben.
Der Gärtner hatte den Baum veredelt.
Der Knecht hatte das Beet gegraben.
Der Gärtner wird den Baum veredelt haben.
Der Knecht wird das Beet gegraben haben.

Es gibt **sechs Zeitformen** des Zeitwortes:

Die Gegenwart: der Gärtner veredelt d. B.
Die Mitvergangenheit: d. G. veredelte d. B.
Die Vergangenheit: d. G. hat d. B. veredelt.
Die Vorvergangenheit: d. G. hatte d. B. veredelt.
Die Zukunft: d. G. wird d. B. veredeln.
Die Vorzukunft: d. G. wird d. B. veredelt haben.

In diesen Sätzen wird durch das Zeitwort ausgesagt, daß der Gärtner das Veredeln vornimmt — was er **thut, gethan hat, oder thun wird.**

Das ist die **thätige Form** des Zeitwortes.

Gegenwart: der Baum wird (v. d. G.) veredelt.

Mitvergangenheit: der B. {wurde / ward} (v. d. G.) veredelt.

Vergangenheit: der B. ist (v. d. G.) veredelt worden.

2 *

Vorvergangenheit: der B. war (v. d. G.) veredelt worden.

Zukunft: der B. wird (v. d. G.) veredelt werden.

Vorzukunft: der B. wird (v. d. G.) veredelt worden sein.

In diesen Sätzen wird von dem Baume ausgesagt, was mit ihm **geschieht, geschehen ist, oder geschehen wird.**

Das ist die **leidende Form** des Zeitwortes.

Bilde die leidende Form folgender Zeitwörter in Sätzen!

lieben, tragen, werfen, stechen, drängen.

Wende diese Formen in allen sechs Zeiten an!

Schreibe folgende Sätze und gib an, in welcher Zeit das Zeitwort steht!

Milder Regen träufelt auf das Land. Der Donner rollt. Der Roggen wird geschnitten. Der Reisende fragte nach dem Wege. Mein Freund hat mich um Rath gefragt. Das Werk lobt den Meister. Der Herr wird seinen Diener loben. Der Diener wird von dem Herrn gelobt. Der Diener wird gelobt worden sein. Ich habe deiner gedacht. Ich hatte meinen Freund gewarnt. Er dachte nicht daran. Das Unglück wird ihn belehrt haben. Ich dachte seiner. Morgen werde ich meine Aufgabe vollendet haben.

Erzähle folgende Fabel in der Mitvergangenheit!

Der Fuchs und die Trauben.

Ein Fuchs kommt an einen Weinberg. In dem Weinberge stehen viele Stöcke, die voll süßer

Trauben hangen. Der Herr des Weinberges umgibt denselben mit einer hohen Mauer, denn er will die Trauben vor Dieben schützen. Niemand darf die Thür zum Weinberge offen lassen. Der Fuchs kann die Weinstöcke nicht erreichen und also keine Trauben erlangen. Was soll er thun? Soll er hungrig weiter gehen?

Lange schleicht er vorsichtig hin und her. Er sieht überall nach, kann aber kein Loch in der Mauer finden. Über die Mauer springen kann er auch nicht. Schon will er fortgehen; aber von den nahen Bäumen sehen Spatzen herab. Von ihnen will er sich nicht auslachen lassen. Da ruft er wegwerfend: „Mag der Herr seine Weintrauben selbst verzehren. Ich mag keine, sie sind ja sauer!“

Gib in folgender Fabel Person, Zahl und Zeit des Zeitwortes an!

Die junge Schwalbe.

„Was macht ihr da?“ fragte eine junge Schwalbe die geschäftigen Ameisen. — „Wir sammeln Vorrath für den Winter,“ gaben sie schnell zur Antwort. — „Das ist klug,“ sagte die Schwalbe, das werde ich auch thun.“ Und somit sammelte sie Spinnen, suchte Fliegen und trug sie in ihr Nest. Das Nest war schon halb voll, da fragte endlich ihre Mutter: „Wozu sammelst du so viel Nahrung?“ — „Wozu? Ich werde im Winter davon leben, liebe Mutter; wirst du nicht auch sammeln? Die Ameisen haben mich diese Vorsicht gelehrt. Sie sind schon recht fleißig gewesen, sie sind überall umhergelaufen, sie haben viel eingetragen, sie werden im Winter gut auskommen. Wenn wir viel zusammengebracht haben, werden wir auch keine Noth leiden.“ —

„Laß nur die Ameisen," versetzte die Mutter, „uns Schwalben hat Gott ein besseres Schicksal bestimmt. Wenn der Sommer vorübergegangen ist, werden wir in wärmere Gegenden ziehen. Dort finden wir alles, was wir zum Unterhalte brauchen."

Gib in folgenden Sätzen die Zeitformen an!

Der Vogel singt. Die Sonne geht auf. Der Vogel sang. Die Sonne gieng auf. Der Vogel sang, als die Sonne aufgieng. Der Vogel hat gesungen. Die Sonne ist aufgegangen. Der Vogel hatte gesungen, als die Sonne aufgieng. Die Sonne war aufgegangen, als der Vogel sang. Der Vogel wird singen. Die Sonne wird aufgehen. Der Vogel wird gesungen haben, wenn die Sonne aufgehen wird. Die Sonne wird aufgegangen sein, wenn der Vogel singen wird.

§ 10. Die Aussageweise oder Art des Zeitwortes.

Er reist nach Wien (bestimmt, gewiß). Man sagt, er reise nach Wien (unbestimmt, ungewiß).

Man kann am Zeitworte bemerkbar machen, ob die Aussage bestimmt, gewiß oder unbestimmt, ungewiß sei.

Die bestimmte Aussage wird durch die **anzeigende Art** des Zeitwortes bezeichnet. Z. B. Er reist.

Die unbestimmte Aussage wird durch die **verbindende Art** des Zeitwortes bezeichnet. Z. B. Man sagt, er reise.

Die anzeigende Art zeigt an, daß etwas wirklich geschieht, geschah oder geschehen wird.

Die verbindende Art steht oft mit den Ausdrücken: Man sagt, man behauptet, man meint, es scheint; — ich (du, er) wünsche, bitte, befehle, will, ermahne, rathe, hoffe, zweifle, daß ꝛc.

Gib in folgenden Sätzen die Art (Redeweise) des Zeitwortes an!

Die Ärzte sagen, der Genuß des unreifen Obstes sei schädlich. Manche Kinder essen unreifes Obst und werden krank davon. Ich wünsche, daß der Kranke bald gesund werde. Ich werde kommen. Ich würde kommen, wenn ich Zeit hätte. Ich käme, wenn ich Zeit hätte. Ich würde gekommen sein, wenn ich Zeit gehabt hätte. Ich wäre gekommen, wenn ich Zeit gehabt hätte. Wenn du kämest, würde ich mich freuen. Wenn du kämest, freu(e)te ich mich. Wenn du gekommen wärest, würde ich mich gefreut haben. Wenn du gekommen wärest, hätte ich mich gefreut.

Der Frühling kommt. Die Vögel kehren zurück. Blätter und Blüten schmücken die Bäume. Mancher Mensch entbehrt viel. Wir genössen des Guten weniger, wenn es keine Entbehrungen gäbe.

Verändere in folgenden Sätzen die Zeitwörter der **anzeigenden** Art in solche der **verbindenden** Art!

Der Kaiser kommt. Man sagt, d. K. k. 2c.
Der Kaiser kam. Ich wünschte, d. K. 2c.
Der Kaiser ist gekommen. Man sagt, d. K. 2c.
Der Kaiser war gekommen. Ich wollte, d. K. 2c.
Der Kaiser wird kommen. Man glaubt, d. K. 2c.
Der Kaiser wird gekommen sein. Man hofft, d. K. 2c.

Ergänze folgende Sätze! Wende dabei das Zeitwort in der verbindenden Art an!

Der Nothleidende wünscht, daß er —. Man meint, die Ärnte —. Es ist nicht rathsam, daß man bei einem Gewitter —. Das Gras würde verdorren —. Die Arbeit würde fertig geworden sein, wenn —. Der Durstige verschmachtete, wenn —.

Drücke in der verbindenden Art aus:

Geduld haben, zufrieden sein, glücklich werden.

Man sagt, daß ich Geduld habe, daß ich zufrieden sei, daß ich glücklich werde.

Man sagt, daß du — er — wir — ihr — sie 2c.

Man fragte, ob ich Geduld hätte, ob ich zufrieden wäre, ob ich glücklich würde.

Man fragte, ob du — er — wir — ihr — sie 2c.

Es ist ungewiß, ob ich Geduld haben werde 2c.

Man meint, ich werde Geduld gehabt haben 2c.

---

hören; höre! hört!

sehen; sieh! seht!

essen; iß! esset!

lesen; lies! leset!

Frisch Gesellen, seid zur Hand!

Thu deine Pflicht!

Rede die Wahrheit!

Weine nicht!

Ich befehle oder gebiete (verbiete) einer Person, daß sie eine Thätigkeit vollziehe. Das ist die **gebietende Art** des Zeitwortes.

Gib folgenden Zeitwörtern in der Ein- und Mehrzahl die gebietende Art! (gib! gebt! geben Sie!)

geben, nehmen, vergessen, nicht erschrecken, nicht verlieren, nicht versäumen, nicht träumen, nichts verschweigen, nichts verhehlen.

Drücke in der gebietenden Art aus:

Du sollst viel sehen und hören, aber wenig reden. Ihr sollt viel sehen 2c.

Du sollst niemand beleidigen und allen helfen, so viel du kannst. Ihr sollt 2c.

Drücke folgende Sätze in der Befehl-, Wunsch- oder Bittweise aus!

Die Mutter weint nicht. Das Kind schläft nicht. Der Schüler plaudert nicht. Der Knabe lernt. Er nimmt sich in Acht. Er sieht sich vor. Der Kaufmann mißt nicht zu knapp. Er vergißt den Auftrag nicht.

Das Zeitwort kann also in drei verschiedenen Aussageweisen gebraucht werden:

1. In der anzeigenden Art (wirklich, gewiß),
2. in der verbindenden Art (möglich, ungewiß) und
3. in der gebietenden Art (als Befehl, Wunsch, Bitte).

Gib in folgenden Sätzen die Art des Zeitwortes an!

Er ist reich. Ich höre, daß er reich sei. Ich höre, er sei reich. — Der Diener thut seine Pflicht. Ich wünsche, der Diener thue seine Pflicht. Der Diener thue seine Pflicht! Diener, thu deine Pflicht! — Du brachst ein, als du auf das Eis giengst. Du brächest ein, wenn du auf das Eis giengest. Geh nicht auf das Eis, damit du nicht einbrichst! Trink und iß, doch Gott nicht vergiß! — Er ist gekommen. Ich höre, er sei gekommen. Er war gekommen. Ich hörte, er wäre gekommen. Wäre er doch gekommen! Er wird kommen. Ich höre, er werde kommen. — Genieße und entbehre! Freut euch des Lebens! Gott sei mit dir! Leb wohl!

Wird ein Zeitwort ohne Rücksicht auf eine Person genannt, so steht es in der unbestimmten Art oder in der Nennform.

Z. B. sehen, hören.

§ 11. Das Mittelwort.

Wenn ich in der Vergangenheit etwas aussage, so nimmt gewöhnlich das Zeitwort die Vorsilbe **ge** an.

Z. B. Es hat ein starker Wind **geweht**.

Geweht ist das **Mittelwort der Vergangenheit.**

Unterstreiche in folgenden Sätzen das Mittel-wort der Vergangenheit!

Wer sich gebrannt hat, fürchtet das Feuer. Was man geschrieben hat, merkt sich leichter als das, was man gehört oder gelesen hat. Wer sich ge-bessert hat, erhält Verzeihung.

putzen, geputzt, das geputzte Gewehr.

Das Mittelwort nimmt die Form des Beiwortes an. Bilde aus folgenden Zeitwörtern Mittelwörter der Vergangenheit und verbinde sie mit Hauptwörtern!

zählen, rechnen, stutzen, lieben, loben, tadeln, braten, fallen, tragen, spalten, falten, rufen, geben, essen, schaffen, blasen, stelen, sieden, finden, binden, singen, sinken, trinken, eindringen, schleifen, pfeifen, reiten, leihen, treiben, schreiben, preisen.

Gib die Mittelwörter der Vergangenheit in fol-genden Sätzen an!

Der Todtengräber gräbt das Grab. Das Grab wird gegraben. Die Träger tragen den Sarg. Der Sarg wird getragen. Sie senken ihn in's Grab. Er wird in's Grab gesenkt. Der Todtengräber ebnet den Grabhügel. Der Grabhügel wird geebnet. Die Trauernden schmücken das Grab. Das Grab wird geschmückt.

Wenn man von einem Gegenstande aussagt, was mit ihm geschieht, wendet man auch das Mittelwort der Vergangenheit an.

---

fingen, fingen**d**, die f i n g e n d e Lerche.

Das Zeitwort nimmt hier ebenfalls die Form des Beiwortes an; es bezeichnet etwas Thätiges, was in der Gegenwart geschieht. Das ist das **M i t t e l w o r t d e r G e g e w a r t.**

gehen**d**, hüpfen**d**, springen**d**, fliegen**d** ꝛc.

Dasselbe endet auf **d.**

Mache in folgenden Sätzen die Zeitwörter zu **M i t t e l w ö r t e r n d e r G e g e n w a r t!** Z. B. Die Suppe kocht. Die Suppe ist kochend. Die kochende Suppe.

Das Wasser siedet. Der Drache steigt. Die Blumen duften. Der Rabe krächzt. Das Pferd wiehert. Die Welle plätschert. Der Kahn schaukelt. Die Herde weidet. Das Wasser rauscht. Die Glocke klingt. Der Funke sprüht. Der Regen träufelt. Der Wind saust. Der Donner rollt. Die Fahne weht. Das Roß schnaubt. Der Schuß kracht.

Verwandle in folgendem die Zeitwörter in **M i t t e l - w ö r t e r d e r V e r g a n g e n h e i t!** Z. B. Die Suppe wird g e s a l z e n. — Die g e s a l z e n e Suppe.

Wäsche — waschen; Stube — heizen; Lein — pressen; Papier — leimen; Kind — impfen; Bäumchen — pflanzen, pfropfen, pflegen, anbinden, stutzen, beschneiden; Getraide — mahlen, Bild — malen; Kessel — scheuern.

Suche in folgenden Sätzen die **M i t t e l w ö r t e r** auf!

Die Angst beflügelt den eilenden Fuß. Der Glanz des Goldes ist verlockend. Der Sehende und Hörende kann sich schwer den Zustand des Blinden und Tauben vorstellen. Aufgeschoben ist nicht aufgehoben. Verlorene Dinge werden am meisten geschätzt. Die zu lösende Aufgabe macht mir Sorge.

Schreibe folgende Beschreibung nieder und unterstreiche die vorkommenden Mittelwörter!

Das Veilchen.

Dieses duftende Blümchen, welches auch Viole
genannt wird, erfreut uns schon in den ersten
Frühlingstagen. Jedermann liebt es. Von den
Mädchen namentlich wird es gern in Sträußchen
gebunden. Seine fünfblättrige Blumenkrone ist röth-
lich blau oder violett gefärbt. Seine dunkeln Blätter
sind fast herzförmig gestaltet. An Hecken, im Gebüsch
verborgen stehend, ist es ein Sinnbild der Beschei-
denheit. Es gibt auch Veilchen, welche heller von
Farbe sind und keinen Duft verbreiten. Sie blühen
später als die wohlriechenden. Man nennt sie wilde
Veilchen. Zu den Veilchenarten wird auch das
dreifarbige Stiefmütterchen gerechnet, das auf Feld-
und Gartenbeeten wächst.

Wenn die Zeitwörter dürfen, können, mögen,
sollen, wollen, müßen, laſſen, (hören, sehen)
mit andern Zeitwörtern verbunden sind, so lautet das
Mittelwort der Vergangenheit wie die Nennform.

Z. B. Er hat gehen dürfen (nicht gedurft).
Er hat lesen können (nicht gekonnt).

Bei hören und sehen ist der Gebrauch verschieden.

(Ich habe ihn kommen sehen — hören; ich
habe ihn kommen gesehen — gehört.)

Statt geworden sagt man in der Leideform
worden.

(Er ist Soldat geworden; die That ist belohnt worden.)

Verbeſſere in folgenden Sätzen die fehlerhaft ge-
brauchten Sprachformen!

Der Schüler hat rechnen gesollt. Der Sohn
hat dem Vater helfen gemußt. Er hat nicht auf's

Eis gehen gedurft. Wir haben den Weg nicht finden gekonnt. Der Schleifer hat das Messer geschleift. Die Festung ist geschliffen worden. Der Müller hat den Weizen gemahlt. Der Maler hat ein Bild gemalen. Der Knecht hat das Holz gespaltet. Der Knabe ist vor der Schlange erschreckt. Die Schlange hat ihn erschrocken. Die Wange ist mir geschwellt. Der Wind hat die Segel geschwollen. Der Schnee ist an der Sonne geschmelzt. Man hat das Silber geschmolzen. Der Wind hat die Bäume bewogen. Der Freund hat mich bewegt, mit ihm zu gehen. Der Schuldner hat das Geld geschaffen. Gott hat Himmel und Erde geschafft. Hat dir der Vater verzeiht? Ist der Weizen gedeiht? Hat der Freund dir das Buch geleiht?

————

§ 12. Die starke, schwache und gemischte Abwandlung des Zeitwortes.

Bei der Biegung des Zeitwortes sind bisher unterschieden worden:

Das Zeitverhältnis in der thätigen und leidenden Form und die verschiedenen Aussageweisen.

Ein Zeitwort in den verschiedenen Zeit- und Aussageweisen gebrauchen, heißt es abwandeln.

Die **Abwandlung** oder **Biegung** des Zeitwortes ist, wie die des Hauptwortes, entweder stark, oder schwach, oder gemischt.

Man hat dabei auf die Zeitformen der Gegenwart, Mitvergangenheit und Vergangenheit zu achten.

ich trinke	ich trank	ich habe getrunken
helfe	half	geholfen
bitte	bat	gebeten
gieße	goß	gegossen
greife	griff	gegriffen.

wachse	wuchs	bin gewachsen
steige	stieg	gestiegen
laufe	lief	gelaufen.

Das Zeitwort verändert hier den **Selbstlaut** seiner Stammsilbe, und das Mittelwort der Vergangenheit nimmt **en** an.

Solche Zeitwörter haben die **starke** Biegung.

---

ich rede	ich redete	ich habe geredet
antworte	antwortete	geantwortet
athme	athmete	geathmet
sage	sagte	gesagt
meine	meinte	gemeint
kaufe	kaufte	gekauft.

Das Zeitwort verändert hier den Selbstlaut seiner Stammsilbe **nicht**, und das Mittelwort der Vergangenheit nimmt **t** an.

Solche Zeitwörter haben die **schwache** Biegung.

---

ich bringe	ich brachte	ich habe gebracht
denke	dachte	gedacht
nenne	nannte	genannt.

Das Zeitwort verändert hier den Selbstlaut seiner Stammsilbe und das Mittelwort der Vergangenheit nimmt **t** an. Die Merkmale der schwachen und der starken Biegung finden sich vereinigt.

Solche Zeitwörter haben die **gemischte** Biegung.

Gib an, welche Biegungsformen die Zeitwörter in folgender Fabel haben!

Die Sonne und der Wind.

Einst stritten Sonne und Wind mit einander, wer von beiden stärker sei. Man einigte sich dahin, an einem Wanderer die Probe anzustellen. Wer von beiden ihn zwingen könne, den Mantel abzulegen, dem solle der Preis der Stärke gebüren.

Sogleich begann der Wind zu stürmen. Regen und Hagelschauer unterstützten ihn. Der Wanderer hüllte sich jedoch fester in den Mantel und setzte seinen Weg fort, so gut er konnte.

Jetzt kam die Reihe an die Sonne. Mit milder Glut ließ sie ihre Stralen herabfallen. Himmel und Erde wurden heiter. Die Luft erwärmte sich. Der Wanderer vermochte nicht länger, den Mantel auf seinen Schultern zu tragen. Er warf ihn ab, streckte sich in dem Schatten eines Baumes nieder, und die Sonne freute sich ihres Sieges.

§ 13. Ablautende Zeitwörter.
(Dieselben sind in Sätzen zu üben.)

i	a	u
binden	band	gebunden
dringen	drang	gedrungen
finden	fand	gefunden
klingen	klang	geklungen
gelingen	gelang	gelungen
ringen	rang	gerungen
schlingen	schlang	geschlungen
schwinden	schwand	geschwunden
schwingen	schwang	geschwungen
singen	sang	gesungen
sinken	sank	gesunken
springen	sprang	gesprungen
stinken	stank	gestunken
trinken	trank	getrunken
winden	wand	gewunden
zwingen	zwang	gezwungen.

i	a	o
beginnen	begann	begonnen
rinnen	rann	geronnen
schwimmen	schwamm	geschwommen
sinnen	sann	gesonnen
spinnen	spann	gesponnen
gewinnen	gewann	gewonnen.

i	a	e
bitten	bat	gebeten
liegen	lag	gelegen
sitzen	saß	gesessen.

e	a	o
bergen (du birgst, er birgt)	barg	geborgen
brechen (du brichst, er bricht)	brach	gebrochen
verderben (du verdirbst, er verdirbt)	verdarb	verdorben
befehlen (du befiehlst, er befiehlt)	befahl	befohlen
gelten (du giltst, er gilt)	galt	gegolten
helfen (du hilfst, er hilft)	half	geholfen
nehmen (du nimmst, er nimmt)	nahm	genommen
schelten (du schiltst, er schilt)	schalt	gescholten
erschrecken (du erschrickst, er erschrickt)	erschrak	erschrocken
sprechen (du sprichst, er spricht)	sprach	gesprochen
stechen (du stichst, er sticht)	stach	gestochen
stelen (du stielst, er stielt)	stal	gestolen
sterben (du stirbst, er stirbt)	starb	gestorben
treffen (du triffst, er trifft)	traf	getroffen
werben (du wirbst, er wirbt)	warb	geworben
werfen (du wirfst, er wirft)	warf	geworfen.

e	o	o
fechten (du fichst, er ficht)	focht	gefochten
flechten (du flichst, er flicht)	flocht	geflochten
heben	hob	gehoben
pflegen	pflog	gepflogen
scheren	schor	geschoren
melken	molk	gemolken
weben	wob	gewoben

e	a	e
essen (du issest, er ißt)	aß	gegessen
fressen (du frissest, er frißt)	fraß	gefressen
lesen (du liesest, er liest)	las	gelesen
vergessen (du vergissest, er vergißt)	vergaß	vergessen
messen (du missest, er mißt)	maß	gemessen
genesen	genas	genesen
geschehen (es geschieht)	geschah	geschehen
sehen (du siehst, er sieht)	sah	gesehen
treten (du trittst, er tritt)	trat	getreten.

ie	o	o
biegen	bog	gebogen
bieten	bot	geboten
verdrießen	verdroß	verdrossen
fliegen	flog	geflogen
fliehen	floh	geflohen
fließen	floß	geflossen
frieren	fror	gefroren
gießen	goß	gegossen
kriechen	kroch	gekrochen
verlieren	verlor	verloren
genießen	genoß	genossen
riechen	roch	gerochen
schieben	schob	geschoben
schießen	schoß	geschossen
schließen	schloß	geschlossen
sieden	sott	gesotten
sprießen	sproß	gesprossen
stieben	stob	gestoben
triegen	trog	getrogen
triefen	troff	getroffen
ziehen	zog	gezogen.

au	o	o
saufen	soff	gesoffen
saugen	sog	gesogen
schnauben	schnob	geschnoben.

a	u	a
backen (du bäckst, er bäckt)	buk	gebacken
fahren (du fährst, er fährt)	fuhr	gefahren
graben (du gräbst, er gräbt)	grub	gegraben
laden (du lädst, er lädt)	lud	geladen
schaffen	schuf	geschaffen
schlagen (du schlägst, er schlägt)	schlug	geschlagen
wachsen (du wächsest, er wächst)	wuchs	gewachsen
waschen (du wäschest, er wäscht)	wusch	gewaschen

ei	i	i
beißen	biß	gebissen
bleiben	blieb	geblieben
bleichen (bleich werden)	blich	geblichen
gedeihen	gedieh	gediehen
gleichen	glich	geglichen
gleiten	glitt	geglitten
greifen	griff	gegriffen
kneifen	kniff	gekniffen
leiden	litt	gelitten
leihen	lieh	geliehen
meiden	mied	gemieden
pfeifen	pfiff	gepfiffen
preisen	pries	gepriesen
reiben	rieb	gerieben
reißen	riß	gerissen
reiten	ritt	geritten
scheiden	schied	geschieden
scheinen	schien	geschienen
schleichen	schlich	geschlichen
schleifen	schliff	geschliffen
schleißen	schliß	geschlissen
schneiden	schnitt	geschnitten
schreiben	schrieb	geschrieben
schreien	schrie	geschrieen
schreiten	schritt	geschritten
schweigen	schwieg	geschwiegen
streiten	stritt	gestritten
treiben	trieb	getrieben
weichen	wich	gewichen
weisen	wies	gewiesen
verzeihen	verzieh	verziehen.

a	ie	a
blasen (du bläsest, er bläst)	blies	geblasen
braten (du brätst, er brät)	briet	gebraten
fallen (du fällst, er fällt)	fiel	gefallen
fangen (du fängst, er fängt)	fieng	gefangen
halten (du hältst, er hält)	hielt	gehalten

hangen (du hängst, er hängt)	hieng	gehangen
laſſen (du läſſeſt, er läſst)	ließ	gelaſſen
rathen (du räthſt, er räth)	rieth	gerathen
ſchlafen (du ſchläfſt, er ſchläft)	ſchlief	geſchlafen.

Zeitwörter mit verſchiedenem Ablaut.

gären	gor	gegoren
erwägen	erwog	erwogen
gehen	gieng	gegangen
hauen	hieb	gehauen
heißen	hieß	geheißen
kommen	kam	gekommen
laufen	lief	gelaufen
erlöſchen	erloſch	erloſchen
lügen	log	gelogen
ſchallen	ſcholl	geſchollen
ſchinden	ſchund	geſchunden
ſchwören	ſchwor (ſchwur)	geſchworen
ſtehen	ſtand (ſtund)	geſtanden.

Wende folgende Zeitwörter in der Mitvergangen= heit in Sätzen an :

beißen, beizen ; biegen, beugen ; bitten, betteln ; dringen, drängen ; fahren, führen ; fallen, fällen ; fliehen, flüchten ; fließen, flößen ; hangen, hinken ; liegen, legen ; reißen, reizen ; ſaufen, erſäufen ; ſaugen, ſäugen ; ſchlafen, ſchläfern ; ſchlagen, ſchlachten ; ſchwimmen, ſchwemmen ; ſchwinden, verſchwinden ; ſchwingen, ſchwenken ; ſehen, ſichten ; ſinken, ſenken ; ſitzen, ſetzen ; ſpringen, ſprengen ; ſtechen, ſticheln ; ſtehen, ſtellen ; ſteigen, ſteigern ; ſtieben, ſtöbern ; ſtinken, ſtänkern ; ſtreichen, ſtreicheln ; trinken, tränken ; ziehen, züchten.

§ 14. Die Hilfszeitwörter.

Die Sonne leuchtet	Die Pflanze wächſt
leuchtete	wuchs
hat geleuchtet	**iſt** gewachſen
hatte geleuchtet	**war** gewachſen
wird leuchten	**wird** wachſen
wird geleuchtet **haben.**	**wird** gewachſen **ſein.**

3*

Um die Zeitwörter durch alle Zeiten abwandeln zu können, muß man die drei Zeitwörter **sein, haben, werden** zu Hilfe nehmen. Sie heißen daher **Hilfszeitwörter.**

Der Mann **hat** Kraft	Das Kind **ist** schwach
hatte Kraft	**war** schwach
hat Kraft **gehabt**	**ist** schwach **gewesen**
hatte Kraft **gehabt**	**war** schwach **gewesen**
wird Kraft **haben**	**wird** schwach **sein**
wird Kraft **gehabt haben.**	**wird** schwach **gewesen sein.**

Das Bäumchen **wird** ein Baum.
Das Bäumchen **wurde** (**ward**) ein Baum.
Das Bäumchen **ist** ein Baum **geworden**.
Das Bäumchen **war** ein Baum **geworden**.
Das Bäumchen **wird** ein Baum **werden**.
Das Bäumchen **wird** ein Baum **geworden sein**.

Wenn die Wörter sein, haben, werden nicht mit Zeitwörtern verbunden sind, so werden sie wie die übrigen Zeitwörter abgewandelt. Ihre Biegung ist unregelmäßig.

———

Setze in folgender Schilderung an passender Stelle die Hilfszeitwörter sein oder haben!

Der Winter.

Im Winter . . . alle Blumen verblüht, die in der schönen Jahreszeit geblüht . . . Die Natur . . . gleichsam erstarrt. Die Lieder der Vögel, die in Wäldern und Feldern sonst ertönten, sie . . . jetzt verklungen, und die Sänger selbst . . . entwichen. Sie . . . in wärmere Gegenden gezogen, wo der Frühling eben erst erwacht . . . Aber . . . auch die Flur bei uns abgestorben, so . . . dafür andere Freuden uns aufgeblüht. Wenn der Teich gefroren . . ., . . . wir da nicht oft auf der glatten Fläche dahingeschwebt? . . . wir nicht mit Freuden gefroren? . . . wir nicht manchmal vor Frost

weiblich mit den Zähnen geklappert? Erkrankt ...
wir nie davon; denn wir ... uns gewöhnt, die
rauhe Witterung zu ertragen. Lange ... es auch
nie gedauert, so ... der eisige Winter seines
Weges gegangen und der Frühling ... wieder
auferstanden. Aber nur zu oft ... er vor dem
Winter abermals fliehen müßen. Schneewolken ...
sich über die Flur entladen. Alle Keime, die sich
der Erde entwunden ..., ... erstarrt und der holde
Frühling ... uns wieder entschwebt. Doch nur
kurze Zeit ... der Winter gesiegt. Im Bunde mit
der Sonne ... der Lenz in sein Reich eingezogen.

§ 15. Die Fürwörter.

1. Das persönliche Fürwort. (Ich, du, er, —sie, es —
wir, ihr, sie.)

Wer? **Ich** habe einen Bruder.
Wessen? Der Bruder gedenkt **meiner** (mein).
Wem? Der Bruder schickt **mir** ein Buch.
Wen? Der Bruder liebt **mich**.

Du hast einen Bruder.
Der Bruder gedenkt **deiner** (dein).
Der Bruder schickt **dir** ein Buch.
Der Bruder liebt **dich**.

(Der Bruder ist krank.)
Er bedarf des Arztes.
Die Mutter wartet **seiner** (sein).
Der Arzt gibt **ihm** Arznei.
Der Arzt heilt **ihn**.

(Die Schwester ist krank.)
Sie bedarf des Arztes.
Die Mutter wartet **ihrer**.
Der Arzt gibt **ihr** Arznei.
Der Arzt heilt **sie**.

(Das Kind ist krank.)

Es bedarf des Arztes.
Die Mutter wartet **seiner** (sein).
Der Arzt gibt **ihm** Arznei.
Der Arzt heilt es.

Die Fürwörter **ich** und **du** stehen für alle drei Geschlechter; **er** steht für das männliche, **sie** für das weibliche und **es** für das sächliche Geschlecht. Die Fallbiegung ist folgende:

Einzahl:

	1. Person.	2. Person.	3. Person.		
			männl.	weiblich	sächlich
Wer?	ich	du	er	sie	es
Wessen?	meiner	deiner	seiner	ihrer	seiner
Wem?	mir	dir	ihm	ihr	ihm
Wen?	mich	dich	ihn	sie	es.

Wer?   **Wir** sind fleißig.
Wessen?   Die Ältern freuen sich **unser.**
Wem?   Die Ältern ertheilen **uns** Lob.
Wen?   Die Ältern lieben **uns.**

Ihr seid fleißig.
Die Ältern freuen sich **euer.**
Die Ältern ertheilen **euch** Lob.
Die Ältern lieben **euch.**

Sie (die Kinder) sind fleißig.
Die Ältern freuen sich **ihrer.**
Die Ältern ertheilen **ihnen** Lob.
Die Ältern lieben **sie.**

Das Fürwort der ersten Person in der Mehrzahl heißt w i r, das der zweiten Person i h r, das der dritten Person s i e.

Anstatt du, dir sagt man in der Höflich=
keitssprache gewöhnlich Sie, Ihnen; statt dein
sagt man Ihr. In Briefen schreibt man diese
Anredewörter mit großen Anfangsbuchstaben, sonst
aber klein.

Die Fallbiegung in der Mehrzahl:

	1. Person.	2. Person.	3. Person.
Wer?	wir	ihr	sie
Wessen?	unser	euer	ihrer
Wem?	uns	euch	ihnen
Wen?	uns	euch	sie.

Füge in folgenden Sätzen die fehlenden Fürwörter
hinzu! Fasse die Sätze als Briefformen auf und rede
die Person erst mit Du, dann mit Sie an!

Wenn ich — seit längerer Zeit nicht geschrieben habe,
so glaub— nicht, daß ich — vergessen hätte. Glaube
nicht, daß ich meinen Verkehr mit — abbrechen
möchte, oder daß ich — weniger liebte als ehemals.

Eine Freundin schreibt an die andere:

Wie befindet sich — Herr Bruder? Wir alle
in unserm Hause erinnern uns — und — Herrn
Bruders mit Vergnügen. Mein Vater läßt sich
bestens empfehlen und ersucht —, uns bald mit
— werten Besuche zu erfreuen.

— hast mich gebeten, daß ich — erinnern
solle, wenn ich etwas zu nähen hätte. Komm (—)
daher bald zu mir, damit ich — die Arbeit geben
kann, die ich für — bestimmt habe.

Wende in folgender Beschreibung an den geeigneten
Stellen die persönlichen Fürwörter an!

Der Strauß.

Der Strauß ist der größte Vogel. Man schätzt
den Strauß auf 70—80 Pfund. Ungeachtet der

Strauß Flügel hat, kann der Strauß doch nicht fliegen. Das kommt daher, weil des Straußes kleine Flügel den Strauß nicht tragen können. Desto schneller aber läuft der Strauß, und die Araber werden des Straußes nur dann erst habhaft, wenn die Araber den Strauß etliche Tage lang durch beständiges Jagen ermüdet haben. Im Laufen schlägt der Strauß beständig mit den Flügeln. Auch erzählt man von dem Strauß, der Strauß stecke, wenn die Verfolger dem Strauße nahe wären, den Kopf in den Sand, um den Strauß zu verbergen. Daher stellt man den Strauß häufig als das Bild der Dummheit auf, die die Dummheit selbst verräth.

Der Strauß lebt in den heißen Sandwüsten Arabiens, wo der Strauß des Jahres dreißig bis vierzig Eier in den Sand legt, auf welche der Strauß den Strauß bloß des Nachts setzt, während der Strauß die Eier am Tage durch die Sonnenwärme ausbrüten läßt. Der Strauß ist so gefräßig, daß der Strauß außer den Kräutern und Früchten, wovon der Strauß den Strauß nährt, dem Strauße auch den Magen mit Holz, Knochen u. dgl. anfüllt.

Der Strauß hat einen nackten Kopf und nackte Schenkel. Am Rumpfe hat der Strauß schwarze, im Schweife und an den Flügeln aber weiße Federn. Die Araber sollen sich des Straußes zum Reiten bedienen.

2. Besitzanzeigende Fürwörter.

Mein Buch ist das Buch, das mir gehört.

Dein Buch ist das Buch, das dir gehört.

Sein Buch ist das Buch, das ihm gehört.

Ihr (der Frau) Buch ist das Buch, das ihr (d. Fr.) gehört.

Sein (des Mädchens) Buch ist das Buch, das ihm (d. M.) gehört.

Unſer Buch iſt das Buch, das **uns** gehört.

Euer Buch iſt das Buch, das **euch** gehört.

Ihr (der Kinder) Buch iſt das Buch, das **ihnen** (den Kindern) gehört.

Sage dasſelbe aus von **Mantel** — **Mütze.**

Die Fürwörter **mein, dein, ſein,** (ihr, ſein,) **unſer, euer, ihr** drücken für die drei Perſonen der Ein = und Mehrzahl einen Beſitz aus. Man nennt ſie **beſitzanzeigende Fürwörter.**

Sie werden in der Biegung wie Beiwörter behandelt. Sie biegen ſtark.

mein Buch	meine Mütze
meines Buches	meiner Mütze
meinem Buche	meiner Mütze
mein Buch	meine Mütze.

Iſt das dein Hut, oder der deines Bruders? Es iſt weder der **meinige** noch der **ſeinige.** Er hielt meinen Hut für den **deinigen.** Mein Vater iſt zu Hauſe, der **deinige** iſt verreiſt.

Statt meiner, meine ꝛc. ſagt man oft: der (die, das), **meine, deine** (deinige), **ſeine** (ſeinige) ꝛc.

Verbeſſere die fehlerhafte Ausdrucksweiſe in folgenden Sätzen!

Meiner Mutter ihre Schweſter iſt meine Tante. Deinem Vater ſein Bruder iſt dein Onkel. Unſerm Vater ſein Bruder iſt krank. Eurer Mutter ihr Kleid iſt fertig. Unſerm Nachbar ſein Pferd iſt geſtürzt. Dem Hunde ſein Bein iſt gebrochen. Den Schafen ihr Stall iſt warm. Den Bäumen ihr Laub fällt ab. Euer Hund hat unſern gebiſſen. Unſer Ochs hat euern geſtoßen. Mein Bruder hat deinen beſucht.

---

3. Das hinweisende Fürwort.

Dieses Buch gehört mir. Jenes Buch gehört dir. Zwei Brüder sind von einander verschieden, der ist freundlich, jener ist mürrisch. Zwei Schwestern: diese ist arbeitsam, jene ist lässig.

Die Wörter **der, die, das**; **dieser, diese, dieses**; **jener, jene, jenes**; **solcher, solche, solches**; **selbst** weisen auf einen Gegenstand hin; sie machen besonders aufmerksam auf denselben. Man nennt sie **hinweisende Fürwörter.**

Der Elefant und der Walfisch sind die größten Thiere; dieser lebt im Wasser, jener auf dem Lande.

Dieser weist immer auf den letztgenannten Gegenstand hin, jener auf den erstgenannten.

Wende in folgenden Sätzen die hinweisenden Fürwörter dieser — jener richtig an!

Der Storch und der Habicht sind Vögel; — ist ein Raubvogel, — ein Sumpfvogel. Die Eiche und die Fichte sind Forstbäume; — gehört zu den Nadelhölzern, — gehört zu den Laubhölzern. Das Pferd und das Schaf sind Hausthiere; — hat gespaltene Hufe, — ungespaltene. Der Rabe und die Dohle gehören zu den Krähenarten; — ist kleiner als —. Der Frühling und der Herbst haben ihre Freuden; — verdanken wir Blumen, — Früchte. Der Zeisig und die Bachstelze sind bekannte Vögel; — trifft man meistens an Flüssen und Bächen an, — gewöhnlich in Hecken und Gesträuchen.

Suche in folgenden Sätzen die Fürwörter auf, und gib ihre Endung an!

Gib mir Trost, ich bedarf dessen. Er hat eine schlechte That begangen und rühmt sich deren.

Was du gethan hast, dessen würde ich mich schämen. Nimm dich derer an, die Hilfe suchen, aber traue denen nicht, die schmeicheln. Sie theilte jedem eine Gabe, dem Früchte, jenen Blumen aus. Solche Pracht ist entzückend. Solch eine That ist lobenswert. Eine solche That verdient Bewunderung. Wes das Herz voll ist, des geht der Mund über.

Beschreibe das Eichörnchen! Wende an passender Stelle Fürwörter an!

Das Eichörnchen.

1. Kopf: oval, vorn etwas zugespitzt.
2. Augen: lebhaft, groß.
3. Ohren: aufrechtstehend, Haarbüschel.
4. Oberlippe: gespalten, Schnurrborsten.
5. Rumpf: schlank.
6. Schwanz: buschig, beim Sitzen aufwärts gerichtet.
7. Vorderfüße: kürzer als die Hinterfüße, 4zehig, Hinterfüße: 5zehig.
8. Behaarte Fußsohlen, scharfe Krallen.
9. Farbe: jung fuchsroth; alt und im Winter grau.
10. Vaterland: die gemäßigte Zone.
11. Aufenthaltsort: Gebüsche, Bäume.
12. Nahrung: Knospen, Kernfrüchte, Samen.
13. Eigenschaften: munter, possierlich, reinlich.
14. Feinde: Baummarder, Fuchs, Uhu.

4. Das bezügliche Fürwort.

Der Mensch, **der** (**welcher**) Gott vertraut, hat wohl gebaut.

Der Mensch, **dessen** Hoffnung auf Gott gerichtet ist, kann nicht verzagen.

Der Mensch, **dem** (**welchem**) das Gottvertrauen mangelt, geht zugrunde.

Der Mensch, **den** (**welchen**) kein Vertrauen beseelt, ist unglücklich.

Die Menschen, **die (welche)** Gott vertrauen 2c.

Die Menschen, **deren** Vertrauen auf Gott gerichtet ist 2c.

Die Menschen, **denen (welchen)** das Gottvertrauen mangelt 2c.

Die Menschen, **die (welche)** kein Vertrauen beseelt 2c.

Wer sucht, der findet.

Was tief im Herzen steckt, der Mund es bald entdeckt.

Wes das Herz voll ist, des geht der Mund über.

Wem nicht zu rathen ist, dem ist auch nicht zu helfen.

Wen Gott lieb hat, den züchtigt er.

Welcher, welche, welches; der, die, das; wer, was beziehen sich auf früher genannte Gegenstände; sie heißen **bezügliche Fürwörter.**

***

Der, die, das können Geschlechtswörter, hinweisende oder bezügliche Fürwörter sein.

Z. B. Das ist der Held, der dich bezwungen.

Das ist das Haus, das du bewohnt.

Das ist die Hand, die dich gepflegt.

Lassen sie sich mit welcher, welche, welches vertauschen, so sind sie bezüglich.

Die Biegung von welcher 2c. ist folgende:

Einzahl:

1. welcher	welche	welches
2. dessen (welches)	deren (welcher)	dessen (welches)
3. welchem	welcher	welchem
4. welchen	welche	welches.

Mehrzahl:

1. welche
2. deren (welcher)
3. welchen
4. welche.

Gib in folgenden Sätzen die Fürwörter an! Welche sind hinweisend, welche bezüglich?

Wer besitzt, der lerne verlieren. Wessen Brot ich esse, dessen Lied ich singe. (?) Wem nicht zu rathen ist, dem ist auch nicht zu helfen. Wen man auf einer Lüge ertappt, dem glaubt man nicht mehr. Was recht ist, das lobt Gott. Was eine Nessel ist, das brennt bald. Was man verspricht, das muß man halten.

Ist in folgendem das Wort: der beziehend oder hinweisend?

Räthsel.

Der es macht, der will es nicht; der es trägt, behält es nicht; der es kauft, der braucht es nicht; der es hat, der weiß es nicht.

Setze an die Stelle des Fürwortes in vorstehendem Räthsel das entsprechende Hauptwort, und umschreibe das Räthsel in vollständigen Sätzen!

Gebrauche in folgender Beschreibung an passender Stelle Fürwörter! Zu welcher Art gehören sie?

Die Bohne.

Die Bohnen werden im Frühjahre gesteckt. Nach einigen Tagen keimen die Bohnen und wenige Tage später gehen die Bohnen auf. Die Blätter sind anfangs hellgrün, die Blätter färben sich später dunkelgrün. Die Stängel der Laufbohne bilden lange Ranken, die Stängel der Stockbohne niedrige Büsche. An dem Stängel bilden sich Blüten, und die Blüten sind weiß, bläulich oder roth gefärbt. Aus der Blüte entwickelt sich eine schwertförmige Hülse mit Körnern. Die Hülse sammt den Körnern nennt man Schote. So lange die Schote noch jung ist, wird die Schote geschnitten und zu Gemüse verwendet. Von reifen Bohnen genießt man nur die Körner. Die Körner geben eine sehr nahrhafte Speise. Die Körner sind aber ziemlich schwer zu verdauen.

5. Das fragende Fürwort.

Wer klopft? **Was** hör' ich draußen vor dem Thor? **Wessen** Bild und Überschrift ist das? **Was für ein** Buch liesest du? **Welcher** ist der Schuldige?

Wer? was? welcher? welche? welches? was für ein? sind **fragende Fürwörter**.

Gib folgenden Sätzen die Frageform!

Wer? was? Es ist jemand gekommen. Es ist etwas geschehen. Franzens Bruder hat sich verletzt. Er hat seinem Freunde die Rettung zu verdanken. Er achtet ihn (den Retter) hoch.

Welcher? Der faule Baum wird abgehauen. Des faulen Baumes Frucht ist schlecht. Dem faulen Baum gewährt man keine Frist. Den faulen Baum wirft man in's Feuer. (Mehrzahl.)

Was für ein? Das edle Pferd trägt den Nacken hoch. Das Auge des edlen Pferdes leuchtet. Der Reiter ist dem edlen Pferde zugethan. Der Reiter pflegt das edle Pferd.

Frage nach jedem der gesperrt gedruckten Wörter in der folgenden Fabel!

Der Mond und der Hund.

In einer mondhellen Nacht ließ eine Nachtigall ihr liebliches Lied erschallen. Ein Hund, der vor seiner Hütte schlief, erwachte darüber. Als er den Mond erblickte, fieng er ein wütendes Bellen und Heulen an. Die Nachtigall sprach gelassen zum Hunde: „Belle dich nicht vergeblich heiser, denn diesem Lichte wirst du nichts anhaben. Durch dein Bellen verdunkelst du es nicht.“

6. Das unbestimmte Fürwort.

Man muß säen, wenn **man** ärnten will. Hat **jemand** ein Amt, so warte er des Amtes. **Niemand** ist vor seinem Tode glücklich zu preisen. **Jedermann** sei unterthan der Obrigkeit. Das Glück soll **einen** nicht übermüthig machen; **keiner** weiß, wie lange er's besitzt. Er hat **etwas** auf dem Herzen. Er weiß **nichts** zu sagen. Es ist ihm bang.

Man, es, jemand, niemand, jedermann, einer, keiner, etwas, nichts sind **unbestimmte Für-wörter.**

Man, es, etwas, nichts sind nicht biegungsfähig.

Wer?	jemand	niemand
Wessen?	jemandes	niemandes
Wem?	jemandem (en)	niemandem (en)
Wen?	jemanden	niemanden.

Anstatt jemandem, jemanden, niemandem, niemanden sagt man häufig jemand, niemand.

Z. B. Ich habe niemand gesehen. Ich habe jemand getroffen.

„Es ist kein Geld in deinem Schatze mehr vorhanden."

„So schaffe welches!"

Hier ist welches ein unbestimmtes Fürwort.

———

Soll die Ungewißheit besonders hervorgehoben werden, so setzt man zu dem unbestimmten Fürworte noch das Wort irgend.

Z. B. irgend einer, irgend was, irgend jemand 2c.

———

Füge in folgender Beschreibung die fehlenden Für-wörter hinzu!

Die Blindschleiche.

Die Blindschleiche rechnet — zu den Eidechsen, obgleich — einen schlangenförmigen Körper hat.

— sieht — öfters auf Waldwiesen. — ist sehr dünn und wird etwa 1 Fuß lang. Oben ist — glänzend rothbraun, unten schwärzlich. — Schwanz ist spröde, bricht deßhalb leicht ab. — schadet jedoch nicht. Während des Sommers häutet sich die Blindschleiche mehrmals. — ist eigenthümlich, daß — Eier legt, aus — nach kurzer Zeit Junge herauskriechen. Im Winter liegt — erstarrt unter Baumwurzeln. — Nahrung besteht während der warmen Jahreszeit in Insekten, Schnecken und Würmern. — ist also nützlich. Zudem ist — ein harmloses Thierchen, das — bloß ungebärdig stellt, wenn — getreten oder gequält wird. — soll — kein Leid zufügen.

Beschreibe

Die Eiche.

Waldbaum, Laubholzart — schöner Baum — Wurzeln ausgebreitet — Stamm dick, hoch — Rinde rissig — Äste weit ausgebreitet — Blätter buchtig, dunkelgrün — Eicheln länglichrund — Gebrauch — Galläpfel. Alter tausend Jahre — stolz und mächtig — Blitz zerschmettern — Sturm brechen.

§ 16. Das Zahlwort.

Du hast **zwei** Ohren und **einen** Mund; willst du's beklagen? Gar **vieles** sollst du hören und **wenig** darauf sagen.

Die Mehrheit der Dinge wird schon durch die Zahlbiegung der Hauptwörter bezeichnet; genauer aber wird die Zahl der Dinge durch eigene Wörter — die **Zahlwörter** bestimmt.

Ein, zwei, drei zc. sind **bestimmte Zahlwörter.**

Viele, wenige, einige, etliche, alle — **unbestimmte Zahlwörter.**

Schreibe mit Buchstaben:

3, 4, 5, 7, 8, 9, 19, 11, 12, 13, 20, 21, 30, 39, 40, 44, 59, 60, 87, 123, 257, 8426 Gulden.

Diese Zahlwörter geben an: wie viel? — Sie heißen **Grundzahlwörter.**

Der Samstag ist der siebente Tag der Woche. Der zwölfte Monat des Jahres heißt Dezember. Der wievielte Tag? (nach der Ordnung.) Der wievielte Monat? (nach der Ordnung.) Das sind **Ordnungszahlwörter.**

Beantworte folgende Fragen in Sätzen!

Der wievielte Tag des Jahres ist der 4. Februar? In die wievielte Klasse des Thierreichs gehören die Säugethiere? die Vögel? die Amfibien? die Fische? die Insekten? die Würmer? Der wievielte Einer vervollständigt den Zehner? Am wievielten August hat der Kaiser den Geburtstag? Am wievielten Oktober hat der Kaiser den Namenstag?

Die Ordnungszahlwörter werden aus den Grundzahlwörtern durch die Endungen te, ste gebildet.

Anstatt der, die, das zweite sagt man, wenn nur zwei Dinge zu unterscheiden sind, der, die, das andere. Z. B. Der eine und der andere; beide.

Zweierlei Tuch; dreierlei Speisen; mancherlei Dinge.

Verschiedene Gattungen von Tuch, von Speisen, von Dingen. Solche Zahlwörter heißen **Gattungszahlwörter.**

---

eine dreifache Schnur; eine hundertfältige Frucht.

Die Wörter dreifach, hundertfach oder hundertfältig zeigen eine Vervielfältigung der Dinge an; sie heißen darum **Vervielfältigungszahlwörter.**

Man klopft — einmal, zweimal, dreimal. Das Klopfen wird wiederholt.

Einmal, zweimal rc. sind **Wiederholungszahlwörter.**

Auch die Zahlwörter sind zum Theil biegungsfähig.

1. zwei Männer   die zwei Männer   beide   die beiden
2. zweier Männer   der zwei Männer   beider   der beiden
3. zweien Männern   den zwei Männern   beiden   den beiden
4. zwei Männer   die zwei Männer   beide   die beiden.

Ebenso drei. Die Zahlen von vier an biegen nur im Wemfalle. (Z. B. Auf allen vieren kriechen; mit sechsen fahren.) Sonst bleiben sie unverändert.

Biege in folgenden Sätzen die Zahlwörter!

Niemand kann 2 Herren dienen. — Wir sind alle Kinder ein... Vaters. Ein.. Schwalbe macht kein... Sommer. Christen, Juden und Mohammedaner beten nur ein... Gott an. Es ist selten der Fall, daß zwei Personen ein... Willen sind. Zwei... gelingt oft, was ein... unmöglich ist. Gott ist der Schöpfer und Erhalter all... Dinge. Der Leichtsinn stürzt manch... in's Verderben. Manch... Blumen ist zwar eine schöne Farbe aber kein Duft eigen; bei and... ist beid.. vereinigt.

Bilde aus folgendem Stoff Sätze mit bestimmten und unbestimmten Zahlwörtern! Z. B.

Stunde Minute. Jahr Woche. Jahr Tage. Dutzend Stück. Zentner Pfund. Pfund Loth. Schock

Stück. — Menschen sterblich. Europäer weiße Hautfarbe. Afrikaner schwarz. Vögel fliegen können. Säugethiere fliegen können. Amfibien Füße haben. Wurm Füße. Metalle schmelzbar. Stein Leben haben. Baum Pflanze. Geist unsichtbar. Berg hoch. Kirsche schwarz. Wasser trinkbar. Aal schlüpfrig. Freude erlaubt. Freude sündhaft. Quellen heißes Wasser. Amfibien rothes, kaltes Blut.

Gib die in folgendem Gedicht vorkommenden un=bestimmten Zahlwörter an!

Zuviel und doch nicht genug.

Unterm Baume stand der Knabe, reichte nicht bis an den Ast, bettelte um eine Gabe von der Zweige reicher Last. Und der Baum begann zu regen seinen Wipfel leis' im Wind, schüttelt einen Apfel=regen nieder dem erstaunten Kind. Was es essen konnte, aß es; alles essen konnt' es nicht. Aber schon so viel besaß es, daß ihm noch viel mehr gebricht. Einen Apfel wirft zum Spiele es dem Geber in's Gesicht; freut sich, daß er dort vom Stiele einen reifen Bruder bricht. Und soviel als niederfallen, schleudert er hinauf und treibt es so lange, bis von allen Früchten keine droben bleibt. — Was der kahle Baum nun denket? — Zürnend wieget er das Haupt: „Weil ich dir zuviel ge=schenket, hast du alles mir geraubt."

Gib den Inhalt des vorstehenden Gedichts in kurzen Sätzen an!

Gib in folgendem die Zahlwörter an!

Die ABC=Schützen.

Rathe, was ich hab' vernommen: Es sind acht=zehn fremde Gesellen in's Land gekommen, von Angesicht gar säuberlich, doch keiner einem andern glich; all' ohne Fehler und Gebrechen, nur konnte keiner ein Wörtlein sprechen, und damit man sie

4 *

sollte verstehn, hatten sie fünf Dolmetscher mit sich
gehn. Das waren hochgelehrte Leut'! Der erst'
erstaunt, reißt's Maul auf weit, der zweite wie
ein Kindlein schreit, der dritte wie ein Mäuslein
pfiff, der vierte wie ein Fuhrmann rief, der fünft'
gar wie ein Uhu thut. Das waren ihre Künste gut;
damit erhoben sie ein Geschrei; füllt noch die Welt,
ist nicht vorbei.

Gib die Lösung des Räthsels in kurzen Sätzen an!

§ 17. Die Steigerung des Eigenschaftswortes.

Das Holz ist fest.
Der Marmor ist fest.

Die Eigenschaft fest kommt beiden Dingen zu. Ich
vergleiche sie, und finde, daß die Eigenschaft an beiden
Gegenständen nicht in gleichem Grade vorhanden ist.

Das Holz ist fest. (Erste Stufe).
Der Marmor ist fester als das Holz. (Zweite
Stufe.)
Das feste Holz; der festere Marmor.

Vergleiche je zwei Dinge, und gib eine Eigenschaft
in gleichem Grade an. Z. B.

Der Greis ist so schwach wie ein Kind.
Elfenbein, Kreide weiß. Rabe, Kohle schwarz.
Moos, Gras grün. Dorn, Nadel spitzig. Leinwand,
weiß Schnee. Schwamm, Wolle locker.

Bilde die zweite Vergleichungsstufe!
Stein, hart, Holz. Gold, schwer, Eisen. Turm,
hoch, Haus. Sohn, jung, Vater. Jüngling, alt,
Knabe. Meer, tief, Fluß. Sonne, groß, Erde.
Briefpapier, dünn, Leder. Tau, dick, Strick. Elle,
lang, Schuh. Filz, rauh, Tuch. Mantel, weit,

Rock. Luft, durchsichtig, Wasser. Talglicht, wohlfeil,
Wachskerze. Fleischspeisen, nahrhaft, Pflanzenspeisen.
Pferd, zierlich, Esel.

Der Sperling ist klein.
Der Zaunkönig ist klein.
Der Kolibri ist klein.
Der Zaunkönig ist kleiner als der Sperling.
Der Kolibri ist kleiner als der Zaunkönig.
Der Kolibri ist am kleinsten (der kleinste Vogel).

Bilde in folgenden Sätzen die dritte Verglei=
chungsstufe des Eigenschaftswortes!

Elefant groß Landthier. Sommer warme Jah=
reszeit. Diamant harter Stein. Licht feiner Körper.
Brot kräftiges Nahrungsmittel. Wasser gesundes
Getränk.

Vergleiche folgende Dinge mit einander! Gib die
zweite und dritte Vergleichungsstufe an!

Z. B. Der Bär ist stärker als der Wolf. Der
Löwe ist stärker als der Bär. Der Löwe ist am
stärksten.

Pferd, Elefant, Kameel (groß); Klafter, Zoll,
Schuh (lang); Seidenfaden, Bindfaden, Menschen=
haar (dünn); Spitzmaus, Ratte, Hausmaus
(klein); Ziege, Schaf, Hund (nützlich).

Will man die verschiedenen Grade einer Eigenschaft
angeben, so muß man das Eigenschaftswort steigern.

Manche Eigenschaftswörter lassen sich nicht
steigern.

todt, golden, silbern, leinen rc.

Folgende Eigenschaftswörter haben eine unregelmäßige Steigerung.

g e r n, lieber, liebst (am liebsten);
g u t, besser, best (am besten);
h o ch, höher, höchst (am höchsten);
n a h e, näher, nächst (am nächsten).

Eben so die unbestimmten Zahlwörter:

v i e l, mehr, meist, am meisten;
w e n i g, minder, am mindesten, weniger, am wenigsten.

Suche in folgendem Abschnitte die Eigenschafts=wörter auf! Was weißt du über ihre Biegung? Welche lassen sich steigern? Welche haben eine unregel=mäßige Steigerung?

Der Sommer.

Im Sommer ist es wärmer als im Frühlinge. Die Pflanzen schmachten oft nach dem erquickenden Regen. Da verdunkelt sich der Himmel, der Donner rollt, Blitze zucken, und ein wohlthätiger Regen erfrischt die durstigen Bäume und Kräuter. Alles wächst noch einmal so schön und der Mensch freut sich darüber. Aber die Hitze wird noch größer, das Getraide reift und die Kirsche wird süß und roth. Sie wird den Wangen des fröhlichen Kindes ähnlich und übertrifft sie bald an frischer Farbe. Stachel=beeren und Johannisbeeren werden ebenfalls reif. Die Kinder pflücken sie. Doch darf man nie unreifes Obst essen; denn dieses ist dem Menschen schädlich. Nach und nach wird das Laub dunkler. Das Korn wird gelb, der Schnitter wetzt die Sense, um es zu mähen. Bald liegt es abgeschnitten da. Der Landmann fährt es in die Scheuer. Dort wird es gedroschen. Wie schön ist der Sommer! Er schenkt uns würzige Früchte, und durch seine Wärme reift das unentbehrliches Getraide.

Ebenso in folgender Erzählung.

Trau—schau—wem!

Karl, ein munterer Knabe, gieng mit seinem jüngern Vetter Friedrich in den Obstgarten seines Oheims. Er war heut froher als je; denn er war fleißiger als gewöhnlich gewesen. Beide Knaben spielten längere Zeit unter den hohen Bäumen des Gartens, lustiger und friedlicher als manche Geschwister. Am äußersten Rande des Gartens kamen sie an einen Apfelbaum, welcher der größte im Garten war und voll der schönsten Früchte hieng. Ein starker Wind hatte mehrere reife Äpfel heruntergeschüttelt, und Karl und Friedrich lasen die besten derselben auf. „Hier ist ein großer und schöner Apfel, willst du ihn haben?" fragte Karl seinen kleinen Vetter. — „Ich danke dir," erwiederte dieser auf's freundlichste; ich habe einen noch größern und schöneren, als der deinige ist, den werde ich unserm Onkel bringen." „O," sagte Karl, „dieß ist doch der beste und größte Apfel. Sieh nur!"

Damit brach er ihn auseinander und — in dem Apfel war eine garstige Made.

Beantworte folgende Fragen in Sätzen!

Wann sind die Tage am längsten? Wann sind sie am kürzesten? Wann ist die Kälte am größten? Wann ist die Hitze am größten?

Welches Thier ist größer als das Pferd? Welcher Vogel ist kleiner als die Schwalbe? Welcher Vogel ist am kleinsten? Welcher Vogel ist kleiner als die Gans? Welcher Vogel ist größer als die Gans? Welcher Vogel ist so groß als die Gans? Welcher Hut ist wohl der kleinste? Welche Häuser sind wohl die kleinsten? Welcher Bogen ist der größte? Welches Gebäude ist das größte?

Das Pferd zieht schwere Lasten; wie ist es? Welches Thier ist aber noch stärker als das Pferd? Welches Zugthier ist schwächer als das Pferd? Was ist scharf? Welches Messer ist schärfer als das Federmesser? Welches Thier hat wohl den schärfsten Geruch? Welches Thier gilt als das schlaueste?

Wie ist der Schnee? Was ist eben so weiß wie der Schnee? Welche Dinge können schneeweiß sein? Wie ist das, was eben so schwarz wie eine Kohle ist? Welche Dinge können kohlschwarz sein? Welche Dinge können feuerroth sein? Wie ist der Zucker (dem Geschmacke nach)? Wie ist das, was eben so süß ist? Wie ist die Feder? (Gewicht.) Was eben so leicht ist, wie ist das? So rund wie eine Kugel; wie ist es? Was ist kugelrund? Grau wie Asche; wie ist es? Was ist aschgrau?

Wende folgende Eigenschaftswörter in Sätzen an!

Z. B. Der Hase ist furchtsam. Der Sturm ist furchtbar. Der Furchtsame erschrickt bei der Gefahr. Das Furchtbare erregt Grauen.

lenkbar, lenksam; schmerzhaft, schmerzlich; jährig, jährlich; geistig, geistlich; leibhaft, leiblich; holzig, hölzern; wollig (wollicht), wollen; haarig (haaricht), hären; achtsam, achtbar; weiblich, weibisch; kindlich, kindisch; zeitlich, zeitig.

Welche dieser Eigenschaftswörter sind steigerungs= fähig?

§ 18. Das Umstandswort.

Droben stehet die Kapelle, schauet still in's
Thal hinab,
drunten singt bei Wies' und Quelle froh und
hell der Hirtenknab'.

Traurig tönt das Glöcklein **nieder, schauerlich**
der Leichenchor;
stille sind die frohen Lieder und der Knabe lauscht
empor.
Droben singt man sie zu Grabe, die sich freuten
in dem Thal;
Hirtenknabe, Hirtenknabe, dir auch singt man **dort**
einmal!
Wo steht die Kapelle? (**droben.**) **Wie**
schaut sie in's Thal? (**still.**) **Wohin** schaut
sie? (**hinab.**) **Wo** singt der Hirtenknabe?
(**drunten.**) **Wie** singt er? (**froh** und **hell.**)
Wie tönt das Glöcklein? (**traurig.**) **Wie**
tönt der Leichenchor? (**schauerlich.**) **Wohin**
lauscht der Knabe? (**empor.**) **Wo** singt man
zu Grabe? (**droben.**) **Wo** wird man auch dem
Hirtenknaben singen? (**dort.**) **Wann** wird
man ihm singen? (**einmal.**)

Wörter, welche auf die Fragen: **wo**? (**woher? wo=
hin?**) **wie? wann?** (**wie lange?**) das Zeitwort näher
bestimmen, heißen **Umstandswörter.**

Durch das Beiwort wird das Hauptwort,
durch das Umstandswort das Zeitwort bestimmt.
Die helle Sonne scheint. (Was für ein?)
Die Sonne scheint hell. (Wie?)

Zuweilen steht auch das Umstandswort beim Eigen=
schaftsworte.
Die Sonne scheint sehr warm.

---

1. Das Umstandswort des Ortes.

Er steht **da.** (Wo?) Er geht **hin.** (Wohin?)
Ich sitze **hier.** Das Buch liegt **dort.** Wo ist
die Thür? Er ritt **dahin zurück,** wo er den
Vater traf. Er kam zu Fuß **daher.**

Die Wörter: da, dort, hier, hüben (nicht her=
über), drüben, wo, woher, wohin, hinten, vorn,

innen, außen (nicht heraußen), hinauf, herunter, rechts, links, dießseits, jenseits, nirgend, überall sind Umstandswörter des Ortes.

Füge in folgenden Sätzen den Zeitwörtern Umstands= wörter des Ortes bei!

Komm —! Geh —! Die Wolke senkt sich —. Der Segen kommt —. Das Dach ist —. Der Keller ist —. Die Zehen sind — am Fuße. Die Ferse ist — am Fuße. Die Wiese liegt dieß= seits. Der Wald liegt —.

Wende die Umstandswörter: herein und hinein, heraus und hinaus, herauf und hinauf, her= unter und hinunter richtig an!

Der Vater ist im Zimmer. Der Sohn ist im Garten. Er ruft dem Sohne zu: „Komm —ein!“ Der Sohn geht —ein. Der Sohn zögert. Der Vater sagt: „Gehst du nicht —ein?“ Der Sohn: „Ich komme sogleich —ein.“ Der Vater ist im Garten. Der Sohn ist im Zimmer. Der Vater ruft: „Komm —aus!“ Der Sohn: „Ich komme sogleich —aus!“ Karl ist auf den Baum gestiegen. Franz steht unter dem Baume. Jener sagt: „Komm —auf!“ Dieser sagt: „Ich kann nicht —auf= steigen.“ Karl sagt: „Ich werde dir Kirschen —abwerfen!“ Franz: „Wirf mir welche —ab!“ Karl wirft Kirschen —ab.

Fülle die Lücken aus!

Wenn durch irgend einen Unglücksfall Schiffsgüter in das Meer h—abgesunken sind, so steigen Taucher h—unter, um das Versunkene wieder h—aufzu= holen. Durch Schläuche, welche von einem Bote oder Schiffe h—abgehen, wird den Tauchern frische Luft zugeführt. Können die Taucher es nicht mehr unten

aushalten, so werden sie auf ein von ihnen gege=
benes Zeichen wieder h—aufgezogen. Taucher bege=
ben sich auch h—ab in's Meer, um Perlen, Bad=
schwämme u. dgl. h—aufzuholen. —

Wenn ein Schiff still stehen soll, so wird der
Anker h—abgelassen. Soll es weiter fahren,
so wird er wieder h—aufgewunden. Auf der See
schlagen oft die Wellen mit großer Gewalt an das
Schiff h—an, so, daß es h—über und h—über=
schwankt. Oft entsteht ein Leck, durch welchen das
Wasser eindringt, und es kostet dann nicht wenig
Mühe, das Wasser wieder h—auszuschaffen.

Das Geschäft des Bergmanns ist eines der ge=
fährlichsten. Er fährt h—ab in die Schachten, um
das Erz h—aufzuschaffen, und weiß nie, ob er
selbst wieder h—aufkommen wird. Wie leicht kann
er nicht von einer der Fahrten (Leitern) h—unter
in den Abgrund stürzen; wie leicht können nicht,
wenn er schon h—unter ist, Erdmassen auf ihn
h—abstürzen.

Jeder Berg ist gleichsam ein Schwamm, der in
die feuchte Luft hinaufreicht. Es dringt die Feuchtig=
keit h—ein und dann immer weiter in seinem
Innern h—ab, bis sie auf gekrümmten Wegen
endlich an irgend einer Stelle wieder h—auskommt.

2. Das Umstandswort der Art und Weise.

Wie die Alten sungen, so zwitscherten die
Jungen. Er hat es anders, aber nicht besser
gemacht.

Umstandswörter, welche die Thätigkeit auf die Frage
wie? näher bestimmen, heißen Umstandswörter der Art
und Weise.

Bilde Sätze, in denen folgende Eigenschaftswörter und Mittelwörter als Umstandswörter der Art und Weise gebraucht werden!

langsam, schwer, ruhig, emsig, treu, schön, froh, stolz, spielend, brausend, geschmückt, geziert.

Z. B. Der Leichenzug schreitet langsam daher.

Sage von je zwei Gegenständen eine Thätigkeit aus, die durch ein gesteigertes Umstandswort näher bestimmt wird. Z. B.

Das Rennthier läuft schneller als der Hirsch.

Pferd, Esel; Adler, Lerche; Sonne, Mond; Nachtigall, Lerche; Butter, Eis; Rose, Lilie; Holz, Steinkohle.

---

3. Das Umstandswort der Zeit.

Morgen, nur nicht **heute,** sagen alle faulen Leute. Die Glocke schlägt, **jetzt** ist es Zeit. Bei einem Wirte wundermild, da war ich **jüngst** zu Gaste. **Wie lange** willst du träumen?

Umstandswörter, welche die Frage **wann?** oder **wie lange?** beantworten, sind **Umstandswörter der Zeit.**

Wende in Sätzen die Umstandswörter an: jetzt, eben, heut, gestern, morgen, früh, spät, kürzlich, nächstens, bald, bisweilen.

Welche Umstandswörter der Zeit kommen in folgendem Räthsel vor:

Erst weiß wie Schnee, dann grün wie Klee, dann roth wie Blut, dann schmeckt es gut.

Gib die Lösung des Räthsels in ganzen Sätzen an!

Gib in folgendem Gedicht die Umstandswörter der Zeit an!

Flüchtig ist die Zeit.

Pflücke Rosen, wann sie blühn; morgen ist nicht heut. Keine Stunde laß entfliehn; flüchtig ist die Zeit. Weißt du, wo du morgen bist? — Flüchtig ist die Zeit. Aufschub einer guten That hat schon oft gereut. Nützlich leben ist mein Rath; flüchtig ist die Zeit.

Umschreibe das vorstehende Gedicht! Drücke die Befehlform in der anzeigenden Art aus!

Z. B. Wir sollen Rosen pflücken ꝛc.

----

§ 19. Das Vorwort.

Ein Umstand der Aussage wird oft durch mehrere Wörter ausgedrückt.

Der Reisende steigt **auf** den Berg. Er steigt **hinauf**.

In dem ersten Satze weist namentlich ein Wort (**auf**) auf den Gegenstand hin. So in folgenden Sätzen:

Nach dir schmacht' ich, **zu** dir eil' ich, du geliebte Quelle, du! **Aus** dir schöpf' ich, **bei** dir ruh' ich, seh' dem Spiel der Wellen zu; **mit** dir scherz' ich, **von** dir lern' ich heiter **durch** das Leben wallen, angelacht **von** Frühlingsblumen und begrüßt **von** Nachtigallen.

Man nennt diese Wörter, weil sie gewöhnlich vor dem Haupt= oder Fürworte stehen, **Vorwörter**.

Sie verlangen immer eine gewisse Endung; man sagt, sie **regieren** eine bestimmte Endung.

Suche in folgendem Abschnitte die Vorwörter auf, welche die zweite Endung regieren!

Die österreichisch-ungarische Monarchie breitet sich auf beiden Seiten der Donau aus. Sie liegt innerhalb des europäischen Festlandes, außerhalb der heißen wie der kalten Zone. Die Ostgränze zieht unweit des schwarzen Meeres, die Südgränze theilweise längs der Küste des adriatischen Meeres hin. — Kraft alter Verträge ist Ungarn mit Österreich unter einem Herrscher vereinigt, laut neuer Gesetze haben aber beide Länder verschiedene Regierungen. — Ungeachtet des Reichthums der Natur erfreuen sich die Bewohner noch nicht jenes Wohlstandes, der andern Ländern eigen ist.

Mittels eifrigen Lernens und angestrengter Thätigkeit werden auch sie ihren Wohlstand vermehren. Unter der Regierung unseres Kaisers sind viele wohlthätige Einrichtungen getroffen worden. Vermöge der neuen Gesetze haben die Völker des Reiches die Pflicht und die Gelegenheit, selbst für ihre Bildung und ihr Wohlergehen zu sorgen. Trotz der Verschiedenheit der Sprachen sollen sie einig sein. — Man rühmt sie in der Welt, wegen ihrer verschiedenartigen Anlagen.

Gib dem mit einem Hauptworte verbundenen Vorworte die richtige Fallbiegung!

Außerhalb Feld; innerhalb Zelt; oberhalb Weg, unterhalb Steg; jenseit Rhein, dießseit Main; längs Gestade, unweit Pfad; während Tag, laut Vertrag; kraft Gebot, ungeachtet Tod; statt Wort, wegen Mord; zufolge Bund, vermöge Grund; entlang Strom; seitwärts Dom.

Ergänze in folgendem Gedicht die Abkürzungen!

Der Schatzgräber.

Hier liegt der Schatz, zufolge jen— Feuer—; kraft mein— Geist— sag' ich es; laut dein—

Willen— will ich ihn heben außerhalb d—
Haus—. Zwar ruht er innerhalb d— Schwelle;
doch unterhalb d— Erde geht er fort bis oberhalb
d— Boden— er erscheint. Nur dein—halben liegt
er da. Statt mein— kann ihn keiner heben; vermöge
dies— Stab— kann ich es.

Ich thu' es nicht d— Reichthum— wegen;
nur bei— Sorgen halber thu' ich es. Unweit
d— großen Stein— stelle dich; doch dießseit
jen— eingeschlagnen Pfäle, und während ein—
Stunde schließe Aug' und Mund! Vermittelst nur
d— Schweigen— und mittels ein— Ritt— auf
deinem Pferde gelingt es uns. Siehst oder sprichst
du ungeachtet dessen, so rauscht unfern d— Baches
weg der Schatz, verschwindet dann jenseit d—
See—! „Betrogner Thor! Mein ist das Pferd!"

Wende in folgenden Sätzen die Vorwörter un=
geachtet, vermöge passend an!

— Reichthum ist mancher Mensch doch nicht
glücklich. — gegebenes Versprechen doch nicht kommen
können. — seine Sparsamkeit und Fleiß doch nicht
wohlhabend werden. — große Hitze stehen Getraide
üppig. — mein Verstand sehe ich Ursachen und
Wirkungen der Dinge ein. Ich erinnere mich einer
Sache — meine Erinnerungskraft. Ich höre —
das Gehör. Ich schmecke — Geschmackssinn.

Verwechsle nicht das Vorwort **statt (anstatt)**
mit **Stadt, Statt (Stätte), Staat!**

Ein ungerathener Sohn.

Fritz kam zu einem Tischler in die Lehre, der
ihn an Kindes— annahm. Anst— aber dankbar
gegen seinen Wohlthäter zu sein, bezeigte er sich
vielmehr höchst undankbar. Anst— in der Werkst—
fleißig zu arbeiten, trieb er sich gern müßig in der
St— umher, oder suchte die St— (Plätze) auf,

wo getrunken und gespielt wurde. Auf seiner spätern
Wanderschaft besuchte er die Gasthäuser mehr als
die Werkst— und Bildungsst—. An den St— der
Andacht ließ er sich fast gar nicht sehen. Später
fiel er dem St— (Land) und seiner Vaterst—
zur Last, st— daß er hätte als ehrsamer Bürger
dem St— nützen können. Als er starb, begleitete
ihn niemand zu seiner Ruhest—.

Die Vorwörter **halben** und **halber** stehen hinter dem
von ihnen regierten Worte.

Z. B. Nutzens halber, Geldes halber.

Für: statt meiner, statt deiner ꝛc. sagt man auch **meinet‐
halben, deinethalben.**

Ungeachtet und **wegen** stehen auch häufig **hinter**
dem Hauptworte, das sie regieren.

Z. B. Deines Versprechens ungeachtet ꝛc.

**Aus, außer, bei, binnen, entgegen,
gegenüber, gemäß, mit, nach, nächst,
nebst, sammt, seit, von, zu, zuwider**
regieren den **Wemfall.**

Zuwider, entgegen, gegenüber stehen ge‐
wöhnlich im Satze hinter dem Worte, das sie regieren.

Ergänze die Abkürzungen in folgender Beschreibung!

Die Donau kommt aus d— Schwarzwalde, der
außerhalb d— österreichischen Landes liegt. Sie
fließt in d— schwarze Meer. Von d— Quelle
bis zu d— Mündung macht sie einen Weg von
360 Meilen. Nächst d— Wolga in Rußland ist sie
der größte Fluß Europa's. Bei d— Stadt Passau
tritt die Donau auf d— österreichische Gebiet über
und bei Orsova strömt sie aus d— Militärgränze
in d— Walachei. Auf d— rechten Ufer sind die
Ens und die Raab nebst d— Drau und Save

ihre größten Nebenflüsse; auf d— linken Ufer aber die March nebst d— Theiß. — Seit d— Zeiten der alten Griechen ist die Donau schon bekannt; bei ihnen wurde sie Ister genannt. — Die Römer haben an d— Donau Städte erbaut, zu d— Vindobona, das heutige Wien, gehört. — Nach d— Römern haben sich in d— Donaugegenden andere Völker angesiedelt.

Ergänze und berichtige folgende Sätze und wende dabei die Vorwörter an:

mit, nach, zu, aus, bei, von.

Das Holz spaltet man — Beil. Die Sonne scheint — Regen. — gethaner Arbeit ist gut ruhen. Die Feder braucht man — schreiben. — Funke großes Feuer werden. Kuchen backen — Weizenmehl. — Zänker nicht gut wohnen. Er ist — kein Mensch beliebt. Mond empfangen Licht — Sonne.

außer, sammt, nebst, nächst, seit.

Aal kann auch — Wasser eine Zeitlang leben. Schiff — Mannschaft untergehen. Haus — Garten vermieten. Schönbrunn nächst Wien. Gesundheit — Leben größter Wert. — Christi Geburt über 1800 Jahre verflossen.

Durch, für, ohne, um, gegen, wider (nicht wieder) regieren den **Wenfall.**

Verbinde diese Vorwörter mit den persönlichen Fürwörtern in der Ein- und Mehrzahl!

Z. B. Durch mich ist es geschehen. Für mich sorgen die Ältern. Ohne mich ist er gegangen ꝛc.

Durch dich, für dich ꝛc.

Ergänze und berichtige folgende Sätze!

Durch — Vergrößerungsglas können wir die Naturkörper genau untersuchen. Durch die Sonnenstralen wird die Erde erwärmt. Die Chinarinde ist ein gutes Mittel gegen — Fieber. Durch fest— Schlaf wird der Mensch gestärkt. Wider — Gift sind Öl und Milch wirksam. Wider — Tod ist kein Kraut gewachsen. Wer nicht für m— ist, der ist wider m—. Du sollst kein falsches Zeugnis geben wider dein— Nächsten. Die Sonne bricht durch — Gewölk. Die Kinder sollen dankbar sein gegen — Ältern. Die Pflanzen können ohne — —, — und — nicht wachsen. Der Wall geht um — Festung. Die Erde bewegt sich um —. Absalom empörte sich wider —. Der Neugierige bekümmert sich um —. Sonder— kannst du dem Tod in's Auge schauen. Das Feuer wird durch — angefacht. Keine Rose ist ohne —.

Füge in folgenden Sätzen die fehlenden Vorwörter hinzu und gib den Hauptwörtern die richtige Biegung!

Der Arzt ist — Sorge — das Leben des Kranken. Zu einem vielbeschäftigten Manne soll man nicht — Noth gehen. Welche Schiffe werden — d— Dampf getrieben? Das geschriebene Wort kann d— Buchdruckerpresse vervielfältigt werden. Der neue Tag beginnt — 12 Uhr nachts. Schon die Heiden gaben Gesetze — d— Thierquälerei. Der Soldat opfert sein Leben — d— Vaterland. Ein Freund muß — d— Freund aufrichtig sein.

Bei manchen Vorwörtern ändert sich nach ihrer Bedeutung der Fall, den sie regieren: der Wemfall und der Wenfall.

Man zieht auf das Land (wohin?), man wohnt auf dem Lande (wo?). Man springt in das Wasser (wohin?). Man schwimmt in dem Wasser (wo?).

Die Vorwörter: an, auf, hinter, in, neben, über, unter, vor, zwischen regieren den Wemfall, wenn eine Ruhe, ein Verweilen an einem Orte ausgedrückt wird.

Der Stuhl steht an dem Tische. Die Kinder spielen im Garten.

Sie regieren den Wenfall, wenn in dem Ausgesagten eine Bewegung nach einem Ziele angedeutet wird.

Stelle den Stuhl an den Tisch! Die Kinder liefen in den Garten.

Bilde Sätze, in denen du folgende Ausdrücke anwendest!

an.

gelangen (wohin?) an d— Ziel; treiben an d— Ufer; schreiben an d— Tafel; klopfen an d— Thür; gränzen an d— Meer; stoßen an d— Garten; an d— Ende kommen.

denken (woran, oder an wen?) glauben; sich gewöhnen; sich kehren; mahnen; erinnern, wagen, verschwenden ꝛc.; — an hundert Gulden (wie viel?) an zwanzig Städte ꝛc.

leben (wo?) an d— Meer, hangen an d— Wand, liegen an d— Fluß; festhalten an ein— Gebrauch; hindern (woran?) zweifeln; verzweifeln; sich rächen; sich versündigen; sich sättigen; sich freuen; sich ärgern; sich ergetzen; theilnehmen; gleichen; übertreffen; nachstehen; reich; arm; überlegen; — am Morgen (wann?); an jed— Tag, an e— Feste ꝛc.; am längsten (wie?); am schönsten.

auf.

sich setzen (wohin?) auf d— Stuhl; treten auf d— Kleid; gehen auf d— Markt, auf d— Jagd; sich stützen auf e— Stab; zu liegen kommen auf d— Seite; — auf die rechte Weise (wie?) auf e— andere Art; auf das genaueste; auf's freundlichste; — auf

5 ·

d— Minute; auf e— Haar; auf d— Tod krank; auf d— erſten Blick; — auf e— Monat (wie lange?); auf kurz— Zeit; — vertrauen (worauf? auf wen?); rechnen; vertröſten; pochen; ſich berufen; ſich verlaſſen; ſich freuen; harren; ſich beſinnen; — ſtolz; eiferſüchtig; argwöhniſch. —

leben (wo?) auf d— Lande; wachſen auf d— Felde; auf d— Flucht (in welchem Zuſtande?); auf d— Reiſe; auf d— Marſche; beharren auf e— Anſicht; beſtehen auf ſein— Kopfe; auf ein— Forderung; beruhen auf e— Irrthum.

in.

ſtürzen (wohin?) in d— Waſſer; gerathen in d— Elend; verfallen in e— Irrthum; ſich hüllen in d— Mantel; ſich einſchließen in d— Stube; zu ſtehen kommen in d— Mitte; — zerlegen (worein?) in mehrere Theile; in's blaue hineinreden; in's reine ſchreiben. —

wohnen (wo?) in d— Stadt; liegen in d— Bett; ſich aufhalten in d— Wald; — reden im Schlafe (in welchem Zuſtande?); in bitterer Armut leben; im Zorne handeln; im reinen, im klaren ſein; — in kurzer Zeit (wann?); in e— Stunde; in e— Jahre; — wetteifern (worin?) in d— Fleiße; ſich irren (worin? in wem?); ſich üben; bewandert; erfahren; geſchickt.

über.

fliegen (wohin?) über d— Haus; ſpringen über d— Graben; über d— Brücke fahren; — über hundert Schiffe (wie viel?); über die Hälfte; über d— Einkaufspreis; über alle Erwartung (wie?); über d— Maßen; über acht Tage (wann?); über e— Jahr; d— Tag über; d— Winter über; — lachen (worüber? über wen?); ſpotten; ſich freuen; ſich ärgern; ſprechen; nachdenken; froh; traurig; erhaben; Freude (welche?); Ärger; Verdruſs.

schweben (wo?) über d— Hauſe; ſtehen; hangen; wohnen; ſich aufhalten; — über d— Warten die Zeit verlieren; über d— Angenehme d— Nothwendige verſäumen.

unter.

fallen (wohin?) unter d— Tiſch; ſich ſtellen unter e— Baum; ſich miſchen unter d— Menge; gerathen unter d— Wagen; vertheilen (an wen gelangt es?).

liegen (wo?) unter dem Tiſch; durchfahren unter d— Brücke; — unter der Predigt (wann?) unter d— Regierung; — verkaufen (wie?) unter d— Preiſe; geſtehen unter Tränen; abreiſen unter e— Vorwande; verkaufen unter d— Einkaufspreiſe; verſtehen (worunter?); ſich vorſtellen; ſich denken.

vor.

ſich ſtellen (wohin?) vor d— Thür; treten vor d— Front; ſich drängen vor d— Vordermann; — ſtehen vor (wo?) d— Hauſe; liegen vor d— Stadt; — vor d— Schulſtunde (wann?); vor d— Abreiſe; vor d— Tode; vor Hunger (warum?); vor innerer Aufregung; — ſich bewaren (wovor oder vor wem?); ſchützen; ſich hüten; fürchten; erſchrecken; ekeln; grauen; ſicher; angſt.

Oft verſchmelzen die Vorwörter mit den darauffolgenden Geſchlechtswörtern zu einem Worte, z. B.

am Waſſer, im Waſſer, vom Hauſe, an's Land; in's Thal, auf's Eis, zur Erholung ꝛc.

Präge dir folgende Ausdrücke ein! Welche Endungen regieren die vorkommenden Vorwörter?

Es iſt nichts an Sie vorhanden (kein Brief). An Ihnen iſt nichts (kein Schmutz, kein Haar; — aber auch nichts Gutes). Die Tochter geht der Mutter an die Hand (hilft ihr). Die Mutter führt die Tochter an der Hand. Ich habe viel an meinem Freunde verloren (durch die Trennung). Ich habe viel an ihn verloren (im Spiele). Er bindet sich nicht an sein Wort. Die Klette haftet an mir. Ich werde mich an dich halten (für die Bezahlung). Er hält sich an mir (fest). Er rächt (vergreift) sich an dir. Sie hielten an den Sitten ihrer Vorältern. Sich an einer Sache ärgern. Sich an eine Sache stoßen. Sich auf die Beine machen. Das beruht auf mir. Ich bestehe auf meiner Meinung. Ich bestehe auf meiner Forderung. Er lebt auf meine Kosten. Sich etwas hinter die Ohren schreiben. Hinter einer Sache stecken. Sich hinter eine Sache stecken. Etwas in wenige Worte zusammenfassen. In einer Stadt eintreffen (ankommen).

Ergänze die fehlenden Worte!

Die Küchlein verkriechen sich unter —; sie sind sicher unter —. Hänge den Hut an —! Nun hangt er an —. Der Walfisch kann nicht immer unter — bleiben; er kommt bisweilen über —, um Luft zu schöpfen. Die Austern finden sich an —. Die Augenlider befinden sich über —; es soll nichts in — fallen. Die Ärnte fällt in — Monat Juli; sie beginnt —. Gegen den Blitzstral bringt man Blitzableiter an d—H— an, deren Leitungsstangen bis in d— Erde reichen müßen.

Die Vorwörter längs, zufolge, trotz regieren den Wessenfall und den Wemfall.

Die Allee zieht sich längs — hin. Die Häuser stehen längs —. Er kam trotz —. Die Fenster waren trotz — nicht gefroren.

Berichtige in folgender Beschreibung die Biegung der Hauptwörter!

Die Vögel.

Die Vögel zeichnen sich v o r all— and — Thieren d u r ch ihr— befiederten Körper, ihr— Flügel und ihr— hart— hornartig— Schnabel aus. Kein ein= ziger Vogel ist o h n e Feder—. Zum Theil sind sie groß und kräftig, wie a n d— Flügel— und a n d— Schweif, z u m Theile weich und zart, wie a u f d— Kopf und a n d— Bauch. Die Federn bestehen a u s ein— hohlen Kiele und a u s ein— Fahne. In d— Kiele befindet sich ein Mark, welches a n d— Schwungfedern die Seele heißt. B e i manch— Vögeln ist das Gefieder ungemein prächtig, wie z. B. bei d— Pfauen und Papageien. Gegen d— Herbst verlieren die Vögel ihr Gefieder größtentheils und bekommen ein neues, dichteres. Alle Vögel haben Flügel. Dieselben sind beinahe wie unsere Arme gestaltet und bestehen a u s 11 Knochen, wovon einer z u d— Hinterarm, zwei z u d— Vorder= arm, vier z u d— Hand und die übrigen z u d— Fingern gehören. Adler und Geier haben eine außer= ordentliche Kraft in ihren Flügeln. Die Schnäbel der Vögel sind in ihr— Gestalt verschieden, weil sie sich n a ch d— Nahrung des Thieres richten. B e i d— einen sind sie spitz—, b e i d— andern stumpf, flach oder breit; b e i dies— kurz, b e i jen— lang. B e i d— Wasservögeln sind die Zehen d u r ch ein— Schwimmhaut verbunden.

Kein einziger Vogel lebt u n t e r d— Erde, wie Maulwürfe, Mäuse u. dgl. Viele halten sich a u f d— Erde auf; andere treiben sich auf d— Wasser umher; noch andere waten mit ihr— lang— Bein— in d— Sümpfen.

Die Vögel sind m i t Tagesanbruch wach. Dafür gehen sie aber auch m i t Sonnenuntergang z u r Ruhe. Dabei setzen sie sich gern a u f ein— erhöhten

Gegenstand. Sie schlafen auf ihr— Füßen sitzend und legen sich nicht auf d— Seite, wie Hunde und Katzen, wenn sie auch auf d— Erde ruhen.

Suche in folgendem Abschnitt die Vorwörter auf und gib an, welche Endung sie regieren!

Die Luft.

Luft ist überall, wo lebende Wesen sich finden. Sie ist in den Höhen und in den Tiefen. Sie drängt sich von selber in Mund und Nase und in die Lungen. Sie findet durch die kleinen Öffnungen der Eierschale den Zugang schon zu dem Jungen im Ei. Die Luft senkt sich hinab in's Wasser bis zum tiefsten Grunde des Meeres und wird dort von den Wasserthieren eingeathmet. In die Höhlen der Erde, ja selbst in das Innere der Pflanzen = und Thierkörper dringt die Luft ein und erfüllt dieselben.

Verbessere die in folgenden Sätzen vorkommenden Sprachfehler!

Durch mir sollst du nichts erfahren. Gegen mir hat niemand etwas geäußert. Ohne meinem kleinen Bruder komme ich nicht. Ich habe alle Achtung gegen Ihnen, für Ihnen will ich's gern thun. Ich habe es erst durch Ihnen erfahren. Gegen Ihnen war ich stets aufrichtig. Ohne deinem Beistand kann ich diese Arbeit nicht ausführen. Ich habe nichts wider Ihnen. Ich bin sehr gern um Ihnen.

Wo muß in folgenden Sätzen für oder vor stehen?

Ich lerne die Erzählung Wort — Wort auswendig. Man konnte — Nebel nicht sehen. Der Mäßige hat Abscheu — der Trunkenheit. Die Mutter sorgt — ihre Kinder. Laßt uns sammeln — das Alter! Der Jüngling ist schon — dem zwanzigsten

Lebensjahre gestorben. Er kam — Kälte um. Tugend
geht — Schönheit. Der Angeklagte muß — Richter
erscheinen. Der Vertheidiger redet — ihn. — Geld
und gute Worte kann man viel haben. — Geld
kann man nicht alles haben. Er geht — mich. Er
geht — mir. Er spricht — mich. Er spricht
— mir.

§ 20. Das Empfindungswort.

Zuweilen gebraucht man Laute und Wörter, um eine
Empfindung oder ein Gefühl auszudrücken, z. B.
ach! (Gefühl der Trauer), ei! (Gefühl der Verwunderung),
oh! (Gefühl des Staunens) ꝛc.

Man nennt sie **Empfindungslaute** oder **Empfindungs-
wörter.** Drücken sie einen Schall oder ein Geräusch
aus, so heißen sie auch **Schallwörter,** z. B. bum, bum!
klingling! trara! piff, paff, puff! ꝛc.

Bei welchen Gelegenheiten hast du wohl folgende
Empfindungs- und Schallwörter gehört?

Juchhei, oho, aha, sch, brr, o weh, bst, he, heda,
hui, pfui, hoi, kikeriki, wick wer wick, kukuk, hihi.

C. Wortbildung.

Von einem Worte werden oft andere abgeleitet
oder gebildet. Dieß geschieht durch Veränderung der
Laute (Ablautung) oder durch Hinzufügung von
Vor- und Nachsilben, oder durch Zusammensetzungen.

Z. B. sprechen: der Sprecher, die Sprache, sprach-
los, der Spruch, aussprechen, die Aussprache,
der Ausspruch, das Sprichwort.

§ 21. Wortbildung durch den Ablaut.

Wende folgende Zeitwörter und die von ihnen abgeleiteten Hauptwörter in Sätzen an!

schlingen — die Schlange; messen — das Maß; wägen — die Wage; stechen — der Stich, der Stachel; ziehen — der Zug, der Zügel; blühen — die Blume; schreiben — die Schrift; binden — das Band, das Bund, der Bund; kochen — der Kuchen; mahlen — das Mehl; nähen — die Naht; drehen — der Draht; hauen — das Heu; reißen — der Riß; beißen — der Biß; werfen — der Wurf, der Würfel; melken — die Milch, die Molke; thun — die That; stehen — der Stand; fliegen — der Flug; fliehen — die Flucht; liegen — das Lager; gehen — der Gang, die Gasse.

Bilde aus folgenden Zeitwörtern durch den Ablaut Hauptwörter, und wende dieselben in Sätzen an!

frieren, stellen, steigen, treiben (Trift), kochen, tragen, dringen, trinken, fließen, saufen, springen, streichen, schießen, graben, greifen, schleifen, kneifen, pfeifen, schleichen, fressen, geschehen, treten, schreiten, hauen, schwören.

§ 22. Wortbildung durch Vor= und Nachsilben.

Von welchen Wörtern sind abgeleitet:

Beschläge, Beschluß, betäuben, bestäuben, Gehölz, Gebälk, Gebüsch, Getöse, Gespräch, erklären, ertönen, erkranken, ergründen, entkräften, Entwurf, empfangen, Versuch, Verdienst, vernichten, versäumen, zerbrechen, zerstören, misdeuten, misbrauchen, Miswachs, unreif, Ursprung.

heilig, zärtlich, thöricht, mürrisch, Bäuerin, künsteln, räuchern, Schicksal, Räthsel, Kenntnis, Achtung, Heimat, ächzen, herrschen, brauchbar, Kindheit, Tapferkeit, Eigenthum, Zögling, sparsam, fehlerhaft, Mannschaft, mühselig, Röschen, Röslein.

veräußern, belästigen, gebrechlich, undankbar, Zerstörung, unbändig, Gedächtnis, Mißgeschick, Veränderung, entblättern.

Was ist:

eine muthige That (die mit Muth ausgeführt wird), eine freudige Nachricht, ein gütiger Herr, ein fleißiger Arbeiter, eine ergiebige Ärnte, eine schwierige Aufgabe, ein williges Kind, eine irrige Ansicht, eine baldige Genesung, ein hiesiges Erzeugnis, eine brüderliche Zuneigung, ein verzeihlicher Irrthum, ein ärmliches Leben?

Erkläre:

ein argwöhnischer Mensch, ein höhnisches Wort, ein mörderisches Feuer, ein stürmischer Tag, ein schelmisches Lächeln, — salziges Wasser, dornichter Pfad, steinerner Krug, irdener Topf, lederner Schuh, messingener Griff; — ernsthaftes Wort, fabelhafte Geschichte, räthselhafter Mensch, riesenhafte Arbeit, schadhafte Kleidung; — gewaltsame That, heilsame Warnung.

Bilde von folgenden Wörtern mittels der Nachsilben **en, eln, ern** und **igen** Zeitwörter und wende dieselben in Sätzen an!

Fisch, Waffe, Zeichen, Acker, Alter, Dampf, Drang, Flucht, Gras, Hobel, Pflug, Schmuck, Traum; stark, schwach, glatt, lahm, schwarz, spitz, voll, wahr, weiß, zahm; Spott (spötteln); Tropfen, Trost, Auge, Tand, Rauch, Angst, fromm, klug, krank, Schlaf, anders, heiter, lauter, Eid, Ende, Theil, Hand, Band.

Merke die Ableitungen in: profezeien, benedeien, spazieren, rasieren, regieren, studieren; sie sind keine deutschen Formen.

§ 23. Wortbildung durch Zusammensetzung.

Erkläre folgende Zusammensetzungen, und merke dir die Schreibung der Wörter!

Mittag, Drittel, Schiffahrt, Brennessel, Bettuch, Sprichwort, Rechenbuch, Rechenstunde, Zeichenbuch; — geistesarm, sorgenfrei, blätterlos; — danksagen, lobsingen, frohlocken, wetterleuchten, weissagen, vollenden, vollbringen.

———

Wende folgende Zusammensetzungen in Sätzen an! Man kann sie trennen; sie sind trennbar.

ankommen, ausgehen, aufmerken, beistehen, abrufen, fortfahren, heimsuchen, hinsehen, anblicken, nieder= fallen, entgegenkommen, zusammenhalten, loslassen, nachfolgen, stattfinden, haushalten; durchgehen, über= setzen (trennbar und untrennbar), unterhalten (trenn= bar und untrennbar).

———

Bilde zusammengesetzte Hauptwörter und erkläre sie! Betrachte Schule als Grundwort!

Wie heißt eine Schule, welche von Knaben, Mädchen (Kindern) besucht wird?

Wie heißt eine Schule, in welcher Bürger, Gelehrte, Maler, Bildhauer (Künstler) gebildet werden?

Wie heißt eine Schule, welche an Werktagen, an Sonntagen, im Sommer, im Winter, am Vormittage 2c. besucht wird?

Wie heißt eine Schule in der Stadt, auf dem Dorfe (auf dem Lande)?

Wie heißt eine Schule, in der gelehrt wird: das Schreiben? das Zeichnen? das Nähen? das Stricken?, das Reiten? das Fechten? in der Schüler nach der Schulzeit fortgebildet werden? in der die Schulgegenstände wiederholt werden?

Betrachte das Wort Schule als Bestimmungswort und erkläre die zusammengesetzten Hauptwörter!

Lehrer (Schullehrer), Kind, Diener, Vorstand, Haus, Zimmer, Glocke, Bank, Buch, Karte, Fleiß, Unterricht, Zeit, Versäumniß.

---

§ 24. Wortfamilien.

Sehen.

Das Schiff ist in Sicht (man kann es sehen). Wer besichtigt den Bau eines Hauses? Wie heißt der Sinn, mittels dessen wir sehen? Wer sich belehren läßt, kommt zur Einsicht. Wer ist einsichtig? Was ich übersehen kann, von dem habe ich eine Übersicht. Die Karte ist übersichtlich. Auf hohen Bergen hat man eine weite Aussicht oder eine Fernsicht. Die Ärnte ist mißrathen, es gibt schlechte Aussichten. Die Ansichten sind verschieden. Beim Bergsteigen ist Vorsicht nothwendig. Wen nennt man vorsichtig? Man muß auch Rücksicht nehmen. Die Vorsehung (Gott) waltet über uns. Vor Gott gilt kein Ansehen der Person. — Wer ist ein angesehener Mann? Was ist durchsichtig? undurchsichtig? Wer ist kurzsichtig? Welche Thiere sind scharfsichtig?

Liegen und legen.

Wer sich gelegt hat, der liegt. Ich lege das Buch auf den Tisch; es liegt auf dem Tische. Wohin legt die Mutter das kleine Kind? Wo liegt es? Wie liegt man im Bette? auf bloßer Erde? Auf welcher Seite kann man liegen? Man kann auch auf dem Rücken liegen. Wer hat sich auf die faule Seite gelegt? Zu welchem Zwecke legt man Holz an das Feuer? das Pflaster auf eine Wunde? Was legt der Gärtner in die Erde? Wohin legen die Vögel ihre Eier? Wodurch wird oft eine ganze Ortschaft in Asche gelegt? Zänkische Knaben liegen einander in den Haaren. Wer legt sich in's Mittel? An welchem Flusse liegt Wien? Was vor Augen liegt, ist außer jedem Zweifel. Woran viel gelegen ist, das ist wichtig. Wie ist das, woran wenig gelegen ist? An Gottes Segen ist alles gelegen.

Welche Kleidungsstücke legt man im Winter an? Welches Kleidungsstück legt man im Zimmer ab? Die Leiter wird an das Dach gelegt; der Gärtner legt den Garten an. Wer legt Waren zum Verkaufe aus? Ich hatte kein Geld bei mir; der Freund legte es für mich aus. Verdrießliche Leute legen einen Scherz übel aus.

Wer erlegt das Wild? — unter der Last erliegen. Was ich genau geprüft habe, das habe ich mir überlegt. Der Mann ist dem Knaben an Kraft überlegen. Der Schüler hatte das Buch verlegt, er konnte es nicht finden. Das brachte ihn in Verlegenheit; er war verlegen. Die Ware ist durch langes Liegen unbrauchbar geworden; sie ist verlegen.

Ein Besuch kommt mir gelegen; er ist mir angenehm. Jemand benutzt eine Gelegenheit; er fährt nach einem entlegenen Orte. Der Ort hat eine günstige Lage. Eine nothleidende Familie befindet sich in trauriger Lage.

Die Vorlage, die Unterlage, die Beilage, die Zulage, das Lager, das Nachtlager, das Krankenlager, das Warenlager, die Belagerung.

Sitzen und setzen.

Wenn man sitzen will, muß man sich vorher setzen. Ich setze mich auf die Bank, dann sitze ich auf der Bank. Man setzt den Hut auf den Kopf, wenn man ausgehen will; das Glas an den Mund, wenn man trinken will. Der Dieb sitzt im Gefängnisse; er wird in Freiheit gesetzt, wenn man ihn seiner Haft entläßt. Der Fromme setzt sein Vertrauen auf Gott.

Was mein **Eigenthum** ist, das **besitze** ich. Das **Besitzthum**, der **Besitz**. Der **Hausbesitzer**, der **Gutsbesitzer**, der **Grundbesitzer**.

Der **Sitz** des Stuhles — der **Sessel**. Der **Sattel**. Wien ist der **Sitz** des Kaisers.

Setzen. — Der Kaufmann **setzt** die Waren **ab**. Ein schlechter Verwalter wird **abgesetzt**.

Aufsetzen. Den Hut **aufsetzen** — seine Gedanken **aufsetzen** — der **Aufsatz**.

Aussetzen — sich einer Gefahr **aussetzen** — eine Stunde **aussetzen**. Einer Sache ist nichts **auszusetzen**, wenn sie tadellos ist. — Der **Aussatz** — der **Aussätzige**.

Besetzen. — Die Soldaten haben das Thor **besetzt** — die **Besatzung**. Ein Kleid ist mit Spitzen, Bändern 2c. **besetzt** — der **Besatz** oder die **Einfassung**.

Vorsetzen — dem Gast eine Speise — sich etwas **vorsetzen**, einen **Vorsatz** fassen — **vorsätzlich**. Dem **Vorgesetzten** ist man Achtung schuldig. **Einsetzen** — einen Zahn; — **ersetzen** — einen Schaden; **fortsetzen** — den Weg; — **versetzen** — ein Bäumchen; — **nachsetzen** — dem Fliehenden; **übersetzen** — aus einer Sprache in die andere.

Der **Setzer** — der **Satz** (das **Gesetzte**) — der **Satz** oder Sprung.

Das **Gesetz** — was für unser Verhalten **festgesetzt** ist; der **Gesetzgeber**.

Stehen und stellen.

Ich **stelle** das Gefäß auf den Tisch; es **steht** auf dem Tische. Das Kind lernt erst **stehen**, dann gehen. — Auf eigenen Füßen **stehen**; auf schwachen

Füßen stehen; auf dem Fußboden stehen. Das Wasser steht, wenn es nicht fließt. Die Mühle steht, wenn sie nicht im Gange ist. Die Uhr steht; — das Herz steht still; es klopft nicht mehr. Der Soldat muß Schildwach stehen; er muß seinen Mann stehen. Wer hoch steht, fällt tief.

Der Stand — der Ort wo ich stehe; der Lehrstand, der Nährstand, der Wehrstand, der Beamtenstand; — Stand halten, standhaft sein.

Aufstehen — sich in die Höhe richten — am Morgen; — auferstehen — die Auferstehung — der Aufstand.

Beistehen — Gott steht mir bei.

Gestehen, zustehen, nachstehen, vorstehen, der Vorstand, bestehen, der Bestand, die Beständigkeit, anstehen, der Anstand, umstehen, umständlich, der Umstand.

Entstehen — ein Gewitter — Wolken aus Dünsten. Die Entstehung einer Feuersbrunst.

Verstehen — begreifen, hören; jemand versteht nichts von einer Sache; — eine Sache versteht sich von selbst; — verständig; verständlich; — zwei Personen haben sich verständigt, geeinigt; — der Verstand — das Verständnis, das Misverständnis.

Anstellen — ein Amt geben; anstellig — verwendbar, geschickt; — die Anstellung als Beamter; die Anstalt — Erziehungs-, Unterrichtsanstalt 2c.

Aufstellen — Waren zum Verkauf — ein Beispiel — die Aufstellung der Soldaten.

Ausstellen — zur Schau — eine Quittung — die Kunstausstellung.

Bestellen — eine Arbeit; der Bauer bestellt den Acker; — die Bestellung.

Darstellen — eine Landschaft im Bilde; — Gedanken schriftlich darstellen; — die Darstellung.

Entstellen — der Zorn entstellt die Gesichtszüge; verstellen; einstellen; nachstellen; zustellen; vorstellen; die Vorstellung.

Die Stelle — der Ort, wohin etwas gestellt wird; die rechte Stelle; die Stellung; — das Gestell — Tafelgestell.

Die Gestalt — die äußere Form eines Dinges; — die Gestalt des Menschen.

Fahren.

Anfahren, abfahren, auffahren, befahren, erfahren, entfahren, verfahren, zerfahren, durchfahren, ausfahren, vorfahren, herfahren, hin=, herein=, hinein=, heraus=, hinaus=, fort=, wegfahren.

Die Fahrt; An=, Auf=, Durch=, Her=, Hin=, Wegfahrt; Hoffart (Hochfart), hoffärtig; Vorfahr; Erfahrung.

Die Fähre; der Fährmann. Fährte, Gefährte — Reise=, Lebens=, Leidensgefährte.

Fertig (zur Fahrt bereit), reisefertig; die Fertigkeit; fertigen, der Gefertigte; anfertigen; ausfertigen; abfertigen; die Ausfertigung; die Abfertigung.

Die Fuhre; Anfuhr, Abfuhr, Ausfuhr, Einfuhr; der Fuhrmann; die Furt.

führen; verführen, vorführen; abführen; anführen; ausführen; einführen; wegführen; herführen. Führung; Verführung, Aufführung; Ausführung, ausführlich.

Bilde Wortfamilien von gehen, schreiben, sprechen, trinken, schließen, fließen, hören, tragen, Schuld.

Suche in folgender Erzählung die zu einer Wort=
familie gehörenden Wörter auf und erkläre sie mündlich!

Der Spaziergang. (Gehen.)

An einem Ferientage, als kaum die Sonne auf=
gegangen war, beschloß Wilhelm mit Erlaubnis
seines Vaters auszugehen. Er gieng langsam dem
Walde zu. Dort wohnte ein Förster, mit dessen
Sohne er Umgang pflog. Auf seinem Wege begegneten
ihm einige Fußgänger, welche der Stadt zueilten.
Der Knabe schlug nun weniger gangbare Pfade ein
und war bald am Eingange des Waldes. In einiger
Entfernung sah er einen Greis, welcher unsichern
Ganges im Gehölz umherwankte, um sich ein Bündel
Reisholz zu sammeln. Wilhelm grüßte den Alten
freundlich und bemitleidete ihn.

Er dachte bei sich: „Ich begehe keinen Fehler,
wenn ich dem Manne ein wenig helfe." Wilhelm
gieng dem Greise zur Hand und dieser dankte dem
Knaben herzlich.

„Ach," sprach der Alte, „früher gieng mir dieß
Geschäft leichter von statten. Doch Jugend und
Kraft sind vergänglich; jetzt bin ich alt, da wird
es mir sauer. Aber das Alter ist der Übergang
zum Tode; bald werde ich in ein besseres Leben
eingehen."

Wilhelm giengen die Worte des Greises zu Her=
zen und er sprach: „Erlaubt, daß ich Euch die
Bürde bis vor die Stadt trage. Ich gehe dann
wieder zurück und der Besuch bei meinem Freunde
wird mir deswegen nicht entgehen." —

So that der Knabe, und der dankbare Greis
wünschte ihm dafür alles Wohlergehen.

Erkläre die folgenden sinnbildlichen Ausdrücke!
Wende sie in Sätzen an!

Den Grund zu seinem Glücke legen; — zu=
grunde gehen; — eine Behauptung hat Grund,

oder sie ist grundlos; — etwas aus dem Grunde verstehen, gründliches Wissen; — aus dem Grunde heilen, gründlich verbessern; — nichts ohne Grund thun.

Der Mann hat Kopf und Herz auf der rechten Stelle; — der Knabe hat Kopf; — er ist nicht auf den Kopf gefallen; — sich etwas in den Kopf setzen; — auf seinem Kopfe bestehen; — den Kopf hängen lassen; — den Kopf hoch tragen; — jemand vor den Kopf stoßen; — den Kopf verlieren; — den Kopf aus der Schlinge ziehen. —

Im Herzen des Landes; — ein Stein vom Herzen fallen; — ohne Herz, herzlos; — ein gutes, ein böses Herz; — in's Herz sehen; — ein Herz fassen; etwas nicht über's Herz bringen können.

Ein scharfer Wind; — scharfes Gehör; — scharfer Blick; — scharfer Verstand; — ein scharfer Verweis; — etwas einschärfen.

Zarte Blüten; — zarte Stimmen; — zarte Worte; — zartes Gefühl; — ein zartes Gewissen; — feines Benehmen; — feine Sitten.

Schreibe auf, was folgende sinnbildliche Ausdrücke bedeuten!

Jemand steht auf dem Gipfel seines Glücks. Müßiggang ist die Quelle vieler Laster. Der Jüngling steht im Frühling seines Lebens. Er starb in der Blüte seiner Jahre. Er war die Stütze seiner Ältern. Mancher Mensch ist ein Sklave seiner Begierden. Wir wandeln nicht immer auf Rosen. Das Schicksal schlägt oft tiefe Wunden. Erfahrung ist die Krone der Alten. Hier ist die Aussaat, dort ist die Ärnte. Ein guter Mensch bleibt nicht kalt bei den Leiden anderer.

---

6 *

Drücke folgende Sätze mit andern Worten aus!

Der Lehrer unterrichtet. (Unterricht ertheilen.)
Der Schüler antwortet (Antwort). Der Lehrer
fragt (Frage stellen). Sie haben die Güte gehabt,
(gütig). — Ich muß dich tadeln (kann nicht
loben). Du betrübst deinen Vater (keine Freude).
Deine Kleider sind schmutzig (rein). Die Antwort
war falsch. Du hast gelogen. Du warst grob. —
Sei aufmerksam, bescheiden (befleißen)! Ich habe
ihm sein Unrecht bewiesen (überführen). Er hat
viel verloren (Verlust).

Drücke folgende Sätze möglichst verschieden aus!

Die Sonne geht auf. Der Mond gieng unter.
Der Schiffer ist vielen Gefahren ausgesetzt.

D. Satzlehre.

§ 25. Der reine einfache Satz.

Die Sonne scheint. Die Sonne wärmt. Die Sonne
leuchtet.

Ich habe mir von der Sonne dreierlei gedacht: scheinen,
wärmen, leuchten.

Von jedem Gegenstande läßt sich etwas denken.
Das Gedachte (der Gedanke) läßt sich durch Worte ausdrücken.

Die Pflanze wächst.

Ich sage von der Pflanze etwas aus; ich spreche einen
Satz.

Jeder Satz ist ein mit Worten ausgedrückter
Gedanke.

Der Stern funkelt.

Ich sage von dem Stern etwas aus; ich sage aus,
daß er funkelt.

Die Nacht ist dunkel.

Von wem sage ich etwas aus? Was sage ich aus?

Der Mond ist ein Himmelskörper.

Über wen (von wem) sage ich etwas aus? Was wird ausgesagt?

In jedem Satze muß ausgedrückt sein, was ausgesagt wird und über wen oder was etwas ausgesagt wird. Den Gegenstand (Person oder Sache), über den etwas ausgesagt wird, nennt man den **Satzgegenstand** oder das **Subjekt.**

Das, was über den Gegenstand ausgesagt wird, nennt man die **Aussage** oder das **Prädikat.**

Subjekt und **Prädikat** sind die nothwendigen Glieder eines Satzes. Man nennt sie deswegen **Hauptglieder** des Satzes.

Rede! (Du sollst reden.)

Schweige! (Du sollst schweigen.)

Ein Satz kann auch durch ein einziges Wort ausgedrückt werden.

Es blitzt. Es hagelt.

Das Wörtchen es deutet hier den Satzgegenstand an.

Der Wind weht. Es weht der Wind. Weht der Wind?

Im ersten Satze steht das Subjekt zuerst, im zweiten und dritten zuletzt. Im zweiten wird dem Prädikate das Wörtchen es vorangeschickt.

Gott ist ein Geist. (Wer ist ein Geist? Gott.)

Ich rede. (Wer redet? Ich.)

Du hörst. (Wer hört? Du.)

Irren ist menschlich. (Was ist menschlich? Irren.)

Ehrlich währt am längsten. (Was? Ehrlich = die Ehrlichkeit.)

Aufgeschoben ist nicht aufgehoben. (Was? Aufgeschoben = das Aufgeschobene.)

Wer nicht hören will, muß fühlen. (Wer?
Wer nicht hören will, = der Ungehor-
same.)

Durch welche Redetheile ist in diesen Sätzen das
Subjekt ausgedrückt?

Nach dem Satzgegenstand fragt man gewöhnlich mit
wer? oder **was?**

Der Gärtner säet. (Was thut der Gärtner?)
Der Same wird ausgestreut. (Was geschieht
mit dem Samen?)
Der Roggen ist eine Getraideart. (Was ist der
Roggen?)
Der Sommer ist heiß. (Wie ist der Sommer?)

Durch welche Redetheile ist in diesen Sätzen das
Prädikat ausgedrückt?

Sage von jedem der genannten Dinge aus, was
es ist: Thier, Pflanze oder Mineral.
Unterstreiche die Subjekte!

Eisen, Buche, Sperling, Kalkstein, Regenwurm,
Holunder, Star, Rind, Thon, Erle, Quecksilber,
Steinkohle, Mücke, Frosch, Spinne, Silber, Gold,
Linde.

Beantworte folgende Fragen, und unterstreiche die
Prädikate!

Was ist die Biene? (Zu welcher Klasse des
Thierreichs gehört sie?) Was ist der Maulwurf?
der Karpfen? die Fliege? die Meise? die Heu-
schrecke? der Stichling? der Marder? der Storch?
die Weinbergschnecke? der Bandwurm? die Eidechse?
der Krebs? der Hamster? die Kreuzotter? der
Häring? der Walfisch? der Seidenspinner? der
Regenwurm?

Sage von folgenden Dingen aus, was sie sind, und unterstreiche in jedem Satze das Prädikat!

Stuhl, Meißel, Hut, Brot, Milch, Salz, Pfeffer, Kamille, Rose, Tanne, Säge, Bohrer, Kirche, Schulhaus, Bleistift, Lineal, Tinte, Bilsenkraut, Kaffee.

———

Beschreibe

das Marienkäferchen,

indem du folgende Fragen beantwortest!

Zu welcher Thierklasse gehört das Marienkäferchen? Wie sind seine Flügeldecken gezeichnet? Wo findet man es? Wovon nährt es sich? (Blattläuse.) Was benagen die Blattläuse? Was sind sie daher für Thiere? Ist das Marienkäferchen schädlich oder nützlich?

Gib die Subjekte und Prädikate an!

———

Schreibe folgende Sätze!

Friede ernährt. Unfriede verzehrt. Eigenlob stinkt. Freundeslob hinkt. Feindeslob klingt. Schönheit vergeht. Tugend besteht.

Was für eine Biegung haben in vorstehenden Sätzen die Hauptwörter? die Zeitwörter?

Setze obige Sätze in die Zeitformen der Mitvergangenheit, Vergangenheit ꝛc.

———

Gib Subjekt und Prädikat in folgenden Sätzen an!

Die Kräfte werden geübt. Erreicht wird der Zweck. Die Aufgabe wird gelöst. Das Vaterland wird vertheidigt. — Wird das Gesetz befolgt? Wird der Plan entworfen? Wird die Gesundheit zerstört? erhalten? Werden die Kenntnisse vermehrt? Aberglaube, verschwinde! Werde bewundert, Sternenhimmel! — Würde der Friede erhalten! Würde doch die Näch-

stenliebe geübt! Würden doch die Gesetze befolgt!
— Kind, wirst du erzogen? Wälder, werdet ihr
gelichtet? Wirst du geliebt, Vaterland?

Setze alle Subjekte, welche in der Mehrzahl stehen
— wenn es der Sinn gestattet — in die Einzahl, und
umgekehrt! In welcher Zahl steht das Prädikat?

Gib an, welche von diesen Sätzen eine Be h a u p s
t u n g enthalten, welche eine F r a g e, einen B e =
f e h l, oder einen W u n s ch ausdrücken!

Gib an, und merke für immer, welche Satzzeichen
in diesen verschiedenen Arten von Sätzen zu machen
sind! (, ? ! .)

Gib die Subjekte und Prädikate in folgenden Sätzen
an! Welche Frage beantworten sie?

Das Leben ist eine Gottesgabe. Der Friedhof
ist ein Saatfeld. Träume sind Schäume. Die Freude
ist eine Arznei. Eigenlieb ist ein Dieb. — Häfen sind
Ankerplätze. Die Alpen sind ein Gebirge. Die Donau
ist ein Strom. Österreich ist ein Kaiserthum. Salzburg
ist ein Herzogthum. Böhmen ist ein Königreich. Tirol ist
eine Grafschaft. Mähren ist eine Markgrafschaft. Maria
Theresia war eine Kaiserin. Prinz Eugen war ein
Feldherr. — Das Siebengestirn ist ein Sternbild.
Der Regenbogen ist eine Lufterscheinung. Der Val=
drian ist eine Arzneipflanze. Der Fenchel ist eine
Gewürzpflanze. Der Flachs ist eine Nutzpflanze.
Die Nelke ist eine Zierpflanze.

Bezeichne in folgenden Sätzen die Subjekte und
Prädikate! Wodurch sind letztere ausgedrückt?

Blind ist das Glück. Der Geizige ist arm. Ge=
danken sind frei. Ernst ist das Leben. Heiter ist
der Sinn. Verzagt ist der Hoffnungslose. Vertrau=
lich ist das Du.

Setze die Eigenschaftswörter als Beiwörter, z. B.
das blinde Glück 2c.

Schreibe:

Der Spaß wird Ernst. Das Wort wurde That. Der Gedanke ist Entschluß geworden. Der Friede wird ein Segen geworden sein. Lehrlinge sind Gesellen geworden. Gesellen werden Meister werden. Knaben werden Jünglinge. Mädchen werden Frauen. Jünglinge werden Männer. Das Eis wird Wasser. Das Wasser wird Dunst. Engerlinge werden Maikäfer werden.

Welche Frage wird in vorstehenden Sätzen beantwortet? Drücke jene Sätze, welche in der Einzahl stehen — wenn es der Sinn erlaubt — in der Mehrzahl aus, und umgekehrt!

Diese Sätze drücken eine Gewißheit aus; setze sie in die Möglichkeitsform! (können.)

Unterscheide, in welchen Sätzen eine Möglichkeit, eine Nothwendigkeit ausgedrückt wird!

Wandeln muß die Erde. Wohlthun sollen die Wohlhabenden. Sparen müssen die Armen. Die Fehler müssen abgelegt werden. Blumen dürfen gepflückt werden. Der Müde will ruhen. Der Versöhnliche will verzeihen. Der Eitle will bewundert sein. Der Blitz kann zünden. Der Friede kann gebrochen werden. Der Vertrag soll geachtet werden. Das Ziel kann erreicht werden. Das Ziel soll nicht verfehlt werden. Der Sturm mag toben. Es muß Frühling werden. Die Zeit mag enteilen. Wir können hoffen. Wir wollen wirken.

Ein Satz mit einem Subjekte und einem Prädikate ist ein einfacher Satz.

Stille Wasser sind tief. Hunger ist der beste Koch. Ein guter Baum trägt gute Früchte.

Welches sind die Subjekte? welches die Prädikate? Welche näheren Bestimmungen kommen vor? Worauf beziehen sich dieselben?

Enthält der Satz bloß Subjekt und Prädikat, so ist er ein **reiner einfacher Satz**.

Wird das Subjekt oder das Prädikat, oder werden beide näher bestimmt, so heißt der Satz ein **erweiterter Satz**.

Durch die Erweiterung wird das, was der Satz ausdrückt, deutlicher und bestimmter.

---

§ 26. Der erweiterte Satz.

A. Die Beifügung.

1. Das Beiwort und Mittelwort als Beifügung.

> Der ungrische Wein ist feurig.
> Trillernde Lerchen fliegen.
> Gehärtetes Eisen heißt Stahl.

Was für Wein? Was für Lerchen? Was für Eisen?

Die nähere Bestimmung des Hauptwortes heißt **Beifügung.**

Erweitere folgende Sätze durch Beifügungen! Die Beifügung soll ein Beiwort oder Mittelwort sein.

> Zeugen werden gestraft. Feldherrn siegen. Menschen machen sich lächerlich. Gut gedeihet nicht. Der Weg ist der beste. Muß ist eine Nuß. Brot ist wohlschmeckend. Obst ist schädlich. Wölfe heulen. Pferde sind steif. Leinwand ist weiß. Kaffee ist braun. Messer sind scharf.

Gib in folgenden Sätzen die Beifügungen an!

> Das Brot ist das beste Gebäk. Es ist ein gesundes Nahrungsmittel. Die Kartoffeln sind ein beliebtes Gemüse. Neue Kartoffeln haben eine helle

Farbe. Alte Kartoffeln haben eine gelbe Farbe. Frische Luft ist stärkend. Reines Wasser ist durchsichtig. Der Diamant ist der kostbarste Edelstein. Die Steinkohle ist ein brennbares Mineral.

Beantworte folgende Fragen in Sätzen! Welches Satzglied ist immer aufzusuchen? Durch was für einen Redetheil ist es ausgedrückt?

Was für ein Hausthier ist die Kuh? Was für ein Nagethier ist die Maus? Was für ein Hund ist gefährlich? Was für ein Kind scheut das Feuer? Was für eine Lilie duftet? Was für eine Richtung hat der Wagebalken? Was für eine Richtung gibt das Senkblei an? Was für eine Richtung hat der Haarstrich? Was für Wolle tragen die Zackelschafe? die englischen Schafe? Was für Hörner hat der Widder? Was für Hufe hat das Pferd? was für Hufe das Rind?

---

2. Das Fürwort und das Zahlwort als Beifügung.

Aller Anfang ist schwer. Alles Irdische ist vergänglich. Unsere Leiber sind sterblich. Unsere Seelen sind unsterblich. Manches Leben ist thatenreich. Vieles Reden ist nutzlos. Gott ist meine Hilfe. Sein Auge wacht.

Bilde Sätze, in welchen bestimmte Zahlwörter als Beifügungen vorkommen! Z. B. 100 Kreuzer sind ein Gulden.

---

3. Das Hauptwort im Wessenfalle als Beifügung.

Beantworte folgende Fragen in Sätzen, und gib die Beifügungen an!

Wessen Zähne sind meißelförmig? Wessen Füße sind schaufelförmig? Wessen Zunge ist rauh? Wessen

Ohren sind lappig? Wessen Füße heißen Tatzen? Wessen Ohren sind lang? Wessen Stimme ist kreischend? krächzend? Wessen Gebrüll ist furchtbar? Wessen Gesang ist lieblich? Wessen Füße sind schnell? Wessen Lager ist unterirdisch? Wessen Flug ist andauernd? kreisend? Wessen Auge ist scharf? Wessen Geruchsinn ist fein?

Drücke alle vorstehenden Sätze in der Einzahl aus und stelle die Beifügung dem Hauptworte voran

Bilde aus folgendem Stoff Sätze, in denen die Beifügung ein Hauptwort im Wessenfalle ist!

Tage, Sommer, warm; Nächte, Herbst, rauh; Stamm, dick, Eiche; Mähne, Pferd, langhaarig; Himmel, Farbe, blau; Bär, Haut, zottig; Rabe, Federn, schwarz; Same, Stechapfel, giftig; Körper, Eichörnchen, schlank; Wasser, salzig, Meer; Wurzel, spindelförmig, Möhre; Blatt, Roßkastanie, gefingert; Nähnadel, Werkzeug, Schneider; Soldat, Vertheidiger, Vaterland; Priester, Kirche, Diener; Licht, Sonne, Wirkung; Wind, Luft, Bewegung; Hitze, Unannehmlichkeit, Sommer.

Bilde aus folgendem Stoff Sätze, in denen sowohl das Subjekt als auch das Prädikat durch eine Beifügung im Wessenfall bestimmt wird!

Fleiß, Kind, Freude, Ältern; Glück, Sohn, Hoffnung, Ältern; Erhaltung, Soldat, Sorge, Feldherr; Befolgung, Gesetz, Pflicht, Unterthan; Hinfälligkeit, Körper, Ursache, Krankheit; Eisenbeschlag, Wagen, Arbeit, Schmied; Frucht, Eiche, Nahrung, Schwein; Segen, Ärnte, Landmann, Lohn; Zeit, Jugend, Zeit, Saat; Jahre, Kindheit, Zeit, Freuden.

Suche in folgenden Sätzen die verschiedenen Beifügungen auf!

Mittelmaß ist die beste Straß'. Gute Lebensordnung ist die beste Arznei. Lehrjahre sind keine

Herrenjahre. Fünfzehn Handwerke sind sechzehn Unglücke. Gute Vorsätze sind noch keine Besserung. Besserung ist nicht das Werk des Augenblicks. Unthätigkeit ist ein Bild des Todes. Geizige sind Sklaven ihres Geldes. Almosen ist der Reichen bester Schatz. Harren ist des Zornes Gegengift. Honig ist der Mücken Tod. Müßiggang ist aller Laster Anfang. Viele Hunde sind des Hasen Tod. Des Zornes Ausgang ist der Reue Anfang. Getheilte Freude ist doppelte Freude. Getheilter Schmerz ist halber Schmerz.

---

4. Das Hauptwort mit einem Vorworte als Beifügung.

Gib die Beifügungen an!

Das Wetter im April ist veränderlich. Der Sonntag vor Ostern ist der Palmsonntag. Der Freitag vor Ostern ist der Karfreitag. Der Stefans-Dom in Wien ist ein herrliches Baudenkmal. Eisenwaren aus Steiermark sind berühmt. Wein aus Ungarn ist beliebt. Zweckmäßige Beschäftigung ist der Weg zur Besserung. Disteln sind Salat für den Esel.

Betrachte folgende Satzglieder als bereicherte Subjekte, und füge Prädikate hinzu!

Die Berge von Tirol; der Vogel in der Luft; das Laub am Baume; der Soldat außer Dienst; ein Sperling in der Hand; eine Taube auf dem Dache (Sprichw.); die Lust zur Arbeit; der Hang zum Spielen; die Neigung zum Schlafe; die Furcht vor dem Tode; die Lust zum Lernen.

---

5. Das Zeitwort in der Nennform mit dem Wörtchen „zu" als Beifügung.

Die Kunst zu zeichnen ist alt. Der Eifer zu nützen ist lobenswert. Die Art zu reisen ist verschieden. Die Sucht zu glänzen ist verderblich. Die Aussicht zu gewinnen ist verlockend. Die Gewohnheit zu lügen ist schändlich. Die Art zu schreiben ist mannigfaltig. Der Haß ist das Verlangen zu schaden.

Suche in folgendem Abschnitte die Beifügungen auf!

Frühling.

Der schöne Frühling ist wieder gekommen. Nun scheint die helle Sonne wärmer. Die Bäume des Waldes werden grün. Meine Augen sehen überall bunte Blumen. Aller Orten, auf jeder Wiese und dort in dem Garten sprossen sie hervor und erfüllen die laue Luft mit ihrem angenehmen Dufte. Die Vögel im Walde singen ihr munteres Lied und bauen künstliche Nester. Der fleißige Landmann besäet den Acker. In dieser schönsten Zeit des Jahres spielen wir Kinder draußen im Schatten der Bäume oder auf der blumigen Wiese. Wie schön ist der holde Frühling!

Der Frühling schenkt Wonne und Leben
der wiedererwachten Natur;
es grünen die Bäume, die Reben,
die Saaten, die Wiesen, die Flur.

Welches Zeitverhältnis zeigen die in dem vorstehenden Abschnitte vorkommenden Zeitwörter an?

Drücke die einzelnen Sätze a. in der Mitvergangenheit, b. in der Vergangenheit, c. in der Zukunft, d. in der Vorzukunft aus!

Was ist über die Abwandlung der Zeitwörter zu sagen?

B. Die Ergänzung.

Der Arzt besucht —. Das Mädchen windet —.

In diesen Sätzen ist die Aussage nicht vollständig; sie **muß ergänzt** werden.

Der Arzt besucht den Kranken. (Wen besucht
der Arzt?)

Das Mädchen windet Kränze. (Was windet
das Mädchen?)

Die **Ergänzung** der Aussage im ersten Satze heißt:
den Kranken, im zweiten Satze: Kränze.

Die Zeitwörter, welche eine Ergänzung erfordern,
heißen bezügliche Zeitwörter; Eigenschaftswörter, welche
in der Aussage ergänzt werden, heißen ebenfalls bezügliche.

---

1. Ergänzung im Wenfalle.

Beantworte folgende Fragen in ganzen Sätzen!
Bezeichne die Ergänzungen!

Was säet der Landmann? besäet der Landmann?
schrotet der Müller? fällt der Holzhauer? erwirbt
der Kaufmann? erobert der Feldherr? brütet die
Henne aus? löset das Wasser auf? schüttelt der
Wind? vernichtet der Hagel? zerschmettert der Blitz?
zieht der Schiffer auf? holt der Hund ein? ver-
scheucht der Habicht? umschleicht der Dieb? senkt
der Schuldige? durchschauet Gott? — Wen ver-
sorgen die Ältern? lobt der Lehrer? bestraft die
Obrigkeit?

Drücke diese Sätze in der leidenden Form aus!
Welche Veränderung geht mit den Satzgliedern Subjekt und Prädikat vor? welche Veränderung mit
dem Zeitworte?

Bilde aus folgenden Wortverbindungen Sätze; den
einen thätig, den andern leidend! Gib die Ergänzungen
im Wenfalle an!

Das Land, das Feld, ein Haus, eine Orgel
bauen; ein Fest, ein Unrecht begehen; Sicherheit,
Schutz, die Stirn bieten; das Brot, den Stab,
den Hals, sein Wort brechen; den Segen, einen
Wink, gute Worte, Recht geben; eine Wette,

Raum, Zeit, Anhang gewinnen; Muth, Zeit,
die Absicht, das Wort haben; Ruhe, Zucht,
Ordnung, Maß halten; Hilfe, Beistand, Bürg-
schaft, Verzicht leisten; Freude, ein Spiel, den
Narren machen; Abschied, ein Beispiel, ein Ende
nehmen; eine Brücke, Feuer, ein Rad, das
Kreuz schlagen; Unheil, Frieden, Brand stiften;
Buße, einen Gefallen, eine Bitte, den Willen thun;
Handel, Spott, Possen treiben.

Auch das Eigenschaftswort kann bezüglich sein.
Wie heißen in folgenden Sätzen die Ergänzungen?

Mein Bruder ist einen Kopf kleiner als ich.
Wir giengen einige Schritte weit. Die Sache ist
keinen Kreuzer wert; sie ist nicht einen Heller
wert. Eine Roggenlast ist 4000 Pfund schwer.
Mozart wurde nicht ganz 36 Jahre alt.

Wende folgende Wortverbindungen in Sätzen an!
Unterstreiche die Ergänzungen!

Frei, los, arm, reich, ledig machen; blind,
satt, die Augen roth weinen; sicher wissen;
geborgen glauben; traurig sehen; thöricht
nennen; gut heißen; selig preisen.

Gib in folgenden Sätzen die Beifügungen und
Ergänzungen an! Auf welches Satzglied beziehen
sich erstere? Wodurch sind sie ausgedrückt?

Der Neid hat scharfe Augen. Ein Keil treibt den
andern. Naschen macht leere Taschen. Ein wenig
Sauerteig versäuert den ganzen Teig. Ein räudig
Schaf steckt die ganze Herde an. Ein faules Ei
verdirbt den ganzen Kuchen. Arme Leute kochen
dünne Suppen. Gute Zucht bringt gute Frucht.

Froher Muth schafft gesundes Blut. Kurze Abend=
mahlzeit macht lange Lebenszeit. Bissige Hunde
haben zerbissene Ohren. Gute Worte verkaufen
schlechte Ware. Viel Hände machen leichte Bürden.

---

2. Ergänzung im Wemfalle.

Dem Muthigen gehört die Welt.

Das Zeitwort „gehört" ist bezüglich und erfordert den
Wemfall; „dem Muthigen" ist die Ergänzung.

Benutze folgende Zeitwörter als Prädikate, und
füge passende Ergänzungen hinzu!

Beistehen, dienen, helfen, nützen, schaden, huldigen,
schmeicheln, danken, drohen, fluchen, trotzen, zürnen,
begegnen, nahen, gleichen, beiwohnen, folgen, ent=
gegnen, entfliehen.

Der Landbau verschafft dem Lande Reich=
thümer.

Wer oder was verschafft?   was?   wem?
Der Landbau   Reichthümer   dem Lande.

Das Zeitwort „verschaffen" erfordert zwei Ergän=
zungen: dem Lande (Erg. im Wemfalle), Reich=
thümer (Erg. im Wenfalle).

Bilde Sätze mit Ergänzungen im Wemfalle und
Wenfalle, und wende dabei folgende Zeitwörter als
Prädikate an!

bieten, borgen, bringen, geben, glauben, gönnen,
klagen, kaufen, liefern, lohnen, machen, melden,
nehmen, opfern, rathen, rauben, reichen, sagen,
schenken, senden, schreiben, stelen, thun, wehren,
weigern, weihen, weisen, widmen, zahlen, zeigen.

Benutze folgende bezügliche Eigenschaftswörter als Prädikate!

ähnlich, gleich, nahe, fern, hold, lieb, theuer, zugethan, geneigt, abgeneigt, gewogen, treu, untreu, abhold, unlieb, feind, verhaßt, dienlich, erfprießlich, förderlich, heilsam, vortheilhaft, lästig, ärgerlich.

Füge in folgendem die ergänzenden Fürwörter hinzu!

mir? oder mich?

Mein Bruder hat — soeben einen Brief geschrieben. Er hat — um baldige Antwort gebeten. Laß — einmal dein Heft sehen. Es gefällt —. Ich wünsche — ein ähnliches. Willst du — dein Messer borgen? Ich will — eine Gerte abschneiden. Können Sie — ein Pflaster geben? Ich habe — in den Finger geschnitten. Schicke — bald Nachricht. Laß — nicht lange warten, sondern laß — bald Antwort sagen. Verlaß — nur nicht. Leider habe ich — sehr getäuscht. Ich werde — in Zukunft besser vorsehen. Wollen Sie — heut entschuldigen. Mein Kopf thut — weh. Wenn ich — nicht irre, so hast du — schon einmal darum gefragt. Die Hand ist — geschwollen; eine Biene hat — gestochen. Nimm — in Acht; du hast — in's Gesicht getroffen. Vergib — meine Unvorsichtigkeit. Mache — die Thür auf und laß — hinaus. Versprich —, — nicht zu vergessen.

dir? oder dich?

Welche Freude habe ich, — hier zu sehen! Wie geht es —? Hast du — die Zeit her wohl befunden? Ist — dein Plan geglückt? Hat — deine Hoffnung nicht getäuscht? Fühlst du — befriedigt? Kann ich — mit etwas dienen? Mache es — bequem. Mache — fertig. Ich nenne —

meinen Freund, und kann — noch viele nennen,
die — schätzen und — wohlwollen. Nimm — in
Acht, daß du — nicht durch Unbesonnenheit schadest.
Kann ich — helfen? Ich würde — gern unter=
stützen. Ich danke — bestens; ich werde — später
aufsuchen. Betrübst du — über diese Nachricht, oder
macht sie — Freude? Ich verzeihe — gern, aber
bessere —! Ich versichere —, ich traue — voll=
ständig.

Setze in vorstehenden Sätzen Ihnen oder Sie
an passender Stelle!

---

3. Ergänzung im Wessenfalle.

Jeder soll seines Amtes warten.

Wer soll warten?   Wessen soll er warten?
    Jeder   seines Amtes.

Das bezügliche Zeitwort warten regiert den Wessen=
fall; „seines Amtes" ist die Ergänzung.

Bilde ähnliche Sätze, indem du folgende bezügliche
Zeitwörter als Prädikate gebrauchst!

Gedenken, harren, bedürfen, begehren, entbehren,
erwähnen, hüten, pflegen, schonen, spotten, vergessen, sich
annehmen, bedienen, befleißen (befleißigen), bemeistern,
entäußern, enthalten, entsinnen, erbarmen, erdreisten,
erwehren, freuen, getrösten, rühmen, schämen.

Bilde aus folgendem Stoff Sätze! Welche Ergän=
zungen kommen vor?

Neidische Leben nicht froh werden. Rechtschaffene
Lüge schämen. Der Mitleidige Dürftige erbarmen.
Eitle Vorzüge sich rühmen. Faule Arbeit sich
weigern. Schwache Augen Brille benöthigt. Leicht=
sinnige Ermahnung vergessen. Menschenfreund Ver=

7 *

laſſene annehmen. Der Verbrecher Schuld bewußt.
Eigennützige Belohnung begehren. Jüngling leben
leichter Sinn. Greis gedenken Tod. Fleißige arbeiten
froher Muth. (Wir ſind eines Herzens, eines Volkes.
Schäme dich nicht des Fragens. Nimm der Stunde
war!)

Gib in folgenden Sätzen die bezüglichen Eigenſchafts=
wörter mit ihren Ergänzungen an!

Sei meines Winks gewärtig! Biſt du deiner Sache
gewiß? Sie wurden des Handels einig. Ich bin
der ſchweren Arbeit nicht gewohnt. Du biſt der
Sorgen ledig. Im Wahnſinn iſt der Menſch ſeiner
Sinne nicht mächtig. Ich bin der Vorwürfe über=
drüſſig. Das Heer war keines Überfalles gewärtig.
Der Meiſter iſt ſeiner Kunſt gewiß. Er iſt der
Achtung würdig. Der Richter iſt des Geſetzes kundig.
Der Arbeiter iſt des Lohnes wert. Der Menſch iſt
der Vervollkommnung fähig. Die Erde iſt voll der
Güte des Herrn. Eine Liebe iſt der anderen wert.

Ergänze folgende Sätze! Welcher Art ſind die Er=
gänzungen? Von welchen Redetheilen ſind ſie abhängig?

Ich will d— eines beſſern belehren. Er wird
d— darüber belehren. Der Reiſende wurde ſein—
Geld und ſein— Koſtbarkeiten beraubt. Man ent=
blößte ihn all— Hilfe. Du haſt mi— all—
Beſorgnis enthoben. Überhebe d— nicht dein—
Stand—. Er überzeugte mi— ein— andern. Ich
verſichere Sie m— Freundſchaft, mein— Wohl=
wollen. Welch— Unrecht zeiht d— dein Ge=
wiſſen?

Wende folgende bezügliche Zeitwörter in Sätzen an!
Man gebraucht ſie mit dem Wenfalle und mit
dem Weſſenfalle.

Achten, bedürfen, begehren, entbehren, erwähnen,
genießen, gewaren, hüten, pflegen, ſchonen, ver=
fehlen, vergeſſen, waren.

Wende folgende Wortverbindungen in Sätzen an! Unterstreiche die Ergänzungen!

Des Glaubens, der Hoffnung, der Überzeugung leben; der Mühe lohnen; der Ruhe pflegen; Hungers sterben; sich seiner Haut wehren; einer Lüge zeihen; keines Blickes würdigen; aller Ehre bar sein; einer Sache ledig sein.

4. Ergänzung mit einem Haupt- oder Für-worte.

Vertrauet Gott! — Vertrauet auf ihn! An seine Größe denkt, an seine Milde! Der Mensch ist der Sprache fähig.

Zuweilen wird die Ergänzung durch ein Vorwort mit dem Zeit- oder Eigenschaftsworte verbunden. Die Ergänzung steht dann im Wemfalle oder Wenfalle.

Beantworte folgende Fragen in ganzen Sätzen und gib die Ergänzungen an!

Mit wem spricht der Lehrer? Womit spielen Knaben? Wonach verlangt der Wißbegierige? fragt der Neugierige? fragt der Reisende? Worüber haben die Ältern Freude? grämen sie sich? Worauf ist der Gewissenhafte bedacht? sind eitle Mädchen stolz? Woran erinnert sich der Redliche? Woran glauben abergläubische Menschen? müßen sich Kinder gewöhnen? übertrifft der Elefant alle Land-thiere? Gegen wen dürfen wir uns vertheidigen? Wovon hängt der Lohn des Arbeiters ab? Wovon hat Prinz Eugen Österreich befreit? Wofür wird mancher Heuchler gehalten? Vor wem flieht der Feige? Wovor soll der Mensch fliehen? Wovor erschrickt der Furchtsame? Um was bringt sich der Verschwender? der Leichtsinnige? der Betrieger?

Wende einige der folgenden Wortverbindungen in
Sätzen an!

An jemand oder etwas denken, glauben, zweifeln,
verzagen, sich gewöhnen, erquicken; — auf jemand
oder etwas hoffen, harren, rechnen, pochen, trotzen,
sich verlassen, stolz, neidisch sein; — für jemand
oder etwas gelten, halten, danken, preisen, sorgen;
— in etwas sich theilen, fügen, finden, ergeben;
— über jemand oder etwas herrschen, siegen,
erstaunen, erstaunt sein, lachen, zürnen, spotten,
reden, urtheilen, richten, sich wundern; — um
etwas wissen, um jemand oder etwas klagen,
trauern, weinen, bitten, spielen, streiten, sich
bemühen.

An einer Sache hindern, leiden, zunehmen, —
arm, reich, schwach sein, — an jemand sich rächen,
sich versündigen; — auf einer Sache bestehen,
beruhen; — bei einer Sache bleiben, sich betheiligen;
— in einer Sache übertreffen, wetteifern, sich üben,
irren, einig sein; — mit einer Sache anfangen,
endigen, sich begnügen, fertig, zufrieden sein; —
nach einer Sache fragen, forschen, streben, sich
sehnen; — von etwas befreien, erretten, sich
erholen; — von etwas erfahren, sprechen, schweigen,
träumen; — vor etwas fliehen, schützen, behüten,
erschrecken, zittern, sich fürchten; — zu etwas
bilden, machen, bestimmen, ermahnen, rathen, reizen,
entschlossen sein.

C. Umstände als Bestimmung der Thätigkeit.

1. Der Umstand des Ortes.

Ich stehe hier. Du sitzest dort. Er kommt
her. Wir gehen hin. Sie gehen in die Schule.
Die Frucht hängt am Stiele. Sie fällt vom
Baume.

Die Thätigkeit wird oft näher bestimmt, indem man angibt: **wo** etwas geschieht, **woher** etwas kommt, oder **wohin** es sich bewegt.

Diese N e b e n g l i e d e r des Satzes heißen **Umstände des Ortes.**

Bilde Sätze mit Umständen des Ortes auf die Frage:

W o ? Fisch schwimmen Wasser. Blitzableiter stehen Haus. Zweige sitzen Ast. Brombeere wachsen. Dachs wohnen. Maulwurf wühlen. Schwamm wachsen. Baumwolle gedeihen. Donau entspringen. Wien, Prag, Pest, Innsbruck liegen.

W o h i n ? Kutscher spannen Pferde. Bergmann steigen. Zugvögel ziehen. Donau fließen. Inn fließen. Brücke führen. Sonne sich verbergen Wolke. Ziehen manche Seefische z. B. der Lachs im Frühjahre. Auswanderer gehen.

W o h e r ? kommt der beste Wein? der Reis? der Bernstein? das Salz? das beste Eisen? viel Quecksilber? der Kaffee? das Baumöl? der Häring? das Fischbein? das feinste Pelzwerk?

Beantworte folgende Fragen in Sätzen!

Wo wird das Getraide aufbewart? Wo halten sich die Ameisen auf? Wo horstet der Adler? Wo hauset der Bär? Wo nistet die Grasmücke? Wo wühlt das Schwein? Wo wächst die Mistel? Wo gedeiht das Moos? Wo findet sich der Wegerich? Wo wächst der Spargel? Wohin pflanzt man Pappeln? Weiden? Wo gedeiht die edle Kastanie? Wo gedeiht die Roßkastanie? der Weinstock? wächst die Kornblume? die Zwergföhre? das Veilchenmoos? das Edelweiß?

Durch welche **Ortsumstände** sind folgende Sätze zu ergänzen?

Man bleibt nicht gern des Nachts —. Die Schafe weiden —. Der Buchenschwamm wächst—. Der Netz- oder Tränenschwamm wächst —. Schönbrunn liegt unweit —. — wohnen die Köhler. — liegen die Katzen gern. — quaken die Frösche. — wird Marmor gebrochen. Der Kukuk legt seine Eier —. Die Schwalbe baut ihr Nest —. Der Specht hackt Löcher —. Die Schlange verbirgt sich —. Die Eidechse schlüpft —. Das Wiesel versteckt sich —. Der Marder richtet — Verwüstungen an.

2. Der Umstand der Zeit.

Amerika wurde im **Jahre 1492** entdeckt. (Wann?) Manche Thiere schlafen **den ganzen Winter hindurch.** (Wie lange?)

Die Thätigkeit kann näher bestimmt werden, indem man angibt: **wann** oder **wie lange** etwas geschieht.

Diese Nebenglieder des Satzes heißen **Umstände der Zeit.**

Gib in folgenden Sätzen die Umstände der Zeit an. (Wann? Wie lange? Seit wann?)

Ich arbeite jetzt. Ich lerne des Morgens. Ich ruhe am Abend. Ich bin den ganzen Tag beschäftigt. Ehrlich währt am längsten. Rom ist nicht an einem Tage erbaut. Während des Winters ruht die Erde. Während des Schlafs wissen wir nichts von uns selbst. Seit 1586 kennt Europa die Kartoffeln. Seit 1440 ist die Buchdruckerkunst bekannt. Nach gethaner Arbeit ist gut ruhen. Die Ruhe ist erst süß nach dem Getümmel.

Bilde Sätze, in denen du zur Bildung des Zeit=
umstandes das Hauptwort und das Vorwort benutzest!

Innerhalb, während, binnen, bei, nach, auf, in,
über, unter, vor, zwischen, gegen, um.

Beantworte folgende Fragen in Sätzen, und gib
die Zeitumstände an!

Wann beginnt der Frühling? der Sommer?
der Herbst? der Winter? Wann verlassen uns die
Singvögel? Wann kehren sie zurück? Wann blüht
das Veilchen? die Rose? die Herbstzeitlose? Wann
bestellt der Landmann die Wintersaat? die Sommer=
saat? Wann werden die Tage kurz? Wann werden
sie länger? Wann sind sie am längsten? Wann
fängt das neue Jahr an?

Wende folgende Umstandswörter der Zeit
in Sätzen an!

Früh, spät, gestern, heute, morgen, jüngst, neu=
lich, damals, bisweilen, zuweilen, hinfort, forthin,
heuer, nächstens, dann und wann, dereinst, eben,
sogleich, schon, bald, ehedem, sonst, jetzt, nun,
nachher, vorher, niemals, jemals, nachts, mittags,
morgens, abends.

3. Der Umstand der Weise.

Gute Kinder folgen willig. (Wie?) Der
Kluge handelt mit Besonnenheit. Wir arbeiten
frohen Muthes.

Die Thätigkeit kann auch näher bestimmt werden, indem
man angibt, wie etwas geschieht.

Diese Nebenglieder des Satzes heißen **Umstände
der Weise.**

Beantworte folgende Fragen in Sätzen! Bezeichne die Umstände der Weise!

Was steht senkrecht? Was liegt wagrecht? Welches Thier kriecht langsam? Welches Thier läuft schnell? Wie fährt der Blitz? Wie schmeckt reifes Obst? Wie fliegen die Schwalben? Wie kommt der Tod? Wie soll man eilen? (Sprichw.) Wie soll man reden? handeln?

Wende folgende Redensarten in Sätzen an! Was für Satzglieder sind sie?

Mit Ergebung, mit Fleiß, in der Wahrheit, im Traum, nach altem Brauch, auf deutsch, zu Fuß, mit Extrapost.

Gib in folgenden Sätzen die Umstände der Weise an!

Mit Nachsicht trage die Schwächen deiner Brüder! Hänge nicht den Mantel nach dem Winde! Wer tanzt nach der Pfeife eines andern? Nach seinem Bilde hat der Ewige den Sterblichen geschaffen. Im Schweiße deines Angesichts sollst du dein Brot essen. Gott will im Geist und in der Wahrheit angebetet sein. Unter dem Bilde des Schlafes stellt man sich den Tod vor. Handle nie unter der Larve der Freundschaft!

Untersuche in folgenden Sätzen die Umstände der Thätigkeiten! Welche sind Umstände des Ortes, der Zeit, der Weise?

Des Faulen Werkeltag kommt niemals. Selten kommt ein Unglück allein. Disteln wachsen unbegossen. Heiß brennt die Schlacht. Schwarz brütet auf dem Heere die Nacht. Jubelnd ertönt der Siegesgesang. Lieblich erklingt der Friedensruf. — Innerhalb 365 Tagen macht die Erde ihre Sonnenreise.

Unterhalb des Daches bauen die Schwalben gern ihre Nester. Europa liegt dießseit des mittelländischen Meeres. Freude singt aus allen Büschen, aus der Vögel Chor. Unerzogene Kinder sind gewöhnlich bei ihren Ältern. Bei Tage schlafen die Raubthiere gewöhnlich. Nach Sibirien kommen die russischen Verbrecher. Thu nichts zur Unzeit! Der fromme Dulder wendet seinen Blick zum Himmel. Zu Wasser reiset man mit viel Gefahr.

---

4. Der Umstand des Grundes.

Der Eigennützige dient des Gewinnes halber. Jakobs Söhne verkauften Josef aus Neid. Der Schnee schmilzt von der Wärme. An vielem Lachen erkennt man den Narren. Der Schüler liest zu seiner Belehrung.

Die Thätigkeit kann dadurch bestimmt werden, daß man angibt: **warum, wodurch, wozu, weßhalb** etwas geschieht. Solche Nebenglieder des Satzes heißen **Umstände des Grundes.**

Suche in folgenden Sätzen die Umstände des Grundes auf! Gib Ursache und Wirkung an!

Die Luft wird durch die Gewitter gereinigt. (Die Gewitter sind die Ursache, die Reinigung der Luft ist die Wirkung.) Der Wanderbursch ist von der Sonne gebrannt. Das Gras ist vom Thaue naß. Es verdorrt von der Sonnenhitze. Ein metallenes Werkzeug wird durch häufigen Gebrauch blank. Das Eisen sinkt vermöge seiner Schwere im Wasser unter. (Es ist schwerer als eine gleich große Wassermasse). Glas ist wegen seiner Spröde leicht zerbrechlich. Gebirgsgegenden werden wegen ihrer Schönheit im Sommer gern besucht.

Unterscheide in folgender Erzählung die verschiedenen Umstände des Grundes, und löse die Sätze in Fragesätze auf!

Ein Knabe begab sich des Fischens wegen an einen Fluß. Aus Unvorsichtigkeit stürzte er in's Wasser. Ein vorübergehender Mann erkannte an dem Angstgeschrei des Knaben dessen Lebensgefahr. Der Mann war seiner Bekleidung nach ein Bauer. Er stürzte sich um des Knaben willen in das Wasser. Er rettete ihn aus Menschenliebe. Der gerettete Knabe war vor Schrecken ganz blaß. Der Mann führte ihn der Fürsorge halber nach Hause. Der Vater ersah aus den nassen Kleidern des Knaben das vorgefallene Unglück. Er wollte dem Manne aus Erkenntlichkeit eine Belohnung geben. Der Mann nahm sie aus Uneigennützigkeit nicht an. Die Mutter ließ in großer Besorgnis den Arzt rufen. Der Arzt erkannte aus dem Pulsschlage des Knaben dessen Zustand. Der Vorfall hatte nach der Aussage des Arztes keine nachtheiligen Folgen. Der Knabe ward zufolge der Verordnung des Arztes zu Bett gebracht. Er erholte sich durch den Schlaf von seinem Schrecken.

Beantworte folgende Fragen, und gib die Umstände des Grundes an!

Wovon bleicht die Leinwand? wird man berauscht? wird die Straße unfahrbar? Wovor kann der Furchtsame sterben? kann man oft nicht weit sehen? Wodurch wird mancher klug? wird eine Stadt blühend und reich? läßt sich manche Gefahr abwenden? Woraus wird Weißbrot gebacken? bereitet man Arznei? macht man Papier? Woran erkennt man den Vogel? (Spruch: Vogel — Sang; Glocke — Klang; Mann — Gang; einen Thoren an den Worten erkennt man aller Orten.) Wofür sorgt der Vater? kämpft der Soldat? Wozu (zu welchem Zwecke) reisen viele Leute? liest man ein Buch?

Gib in folgendem die **Hauptglieder** (Subjekte und Prädikate) so wie die **Nebenglieder** der Sätze (Beifügungen, Ergänzungen und Umstände) an!

Der rothe Fingerhut trägt glockenförmige Blumen. Die blühenden Pflanzen ergetzen unser Auge. Das gereifte Obst wird vom Landmanne gesammelt. Die Klatschrose belebt mit ihren brennendrothen Blumen die Getraidefelder. Die Blätter des Waid geben eine blaue Farbe. Die Wurzelfarne wachsen im Wasser. Die einzelnen Ährchen des Weizens sind in zwei Kelchblättchen eingeschlossen. Der Pfirsichbaum blüht am frühesten unter allen Obstarten. Der Reps wird seines Samens wegen bei uns angebaut. Die Schlüsselblume erscheint schon früh im April in schattigen Wäldern. Man gewinnt den Zucker aus dem süßen Safte einiger Pflanzen. Das Zuckerrohr hat mit unserm Schilfrohre einige Ähnlichkeit. Die Zunge des Spechtes hat eine pfeilförmige Spitze. Die Fische athmen durch Kiemen.

Eine Anhöhe ist eine Erhebung des Bodens unter hundert Fuß. Die Rinne eines Thales nennt man die Thalsohle. Mehrere sich vereinende Bäche bilden einen Fluß. Große Flüsse nennt man Ströme. Die Ens ist ein Nebenfluß der Donau. Das Erzherzogthum Österreich ist das Stammland des österreichischen Kaiserstaates.

Die Schlossen sind gefrorne Regentropfen. Durch die Wärme wird die Luft ausgedehnt. Den Nordschein sieht man nur bei heiterm Himmel. Die Nebenmonde sind Abspiegelungen des Mondes im Dunstkreise. Alle zu unserer Erde gehörigen Körper haben eine Neigung nach dem Mittelpunkte der Erde. Die Ausdehnbarkeit mancher Körper übersteigt alle Begriffe. Aus 1 Pfund Baumwolle läßt sich ein 20 Meilen langer Faden spinnen.

Gib in folgenden Sätzen die Arten der Neben=
glieder an!

Der Winter.

Im Winter ruht die Erde. Sie sammelt neue
Kraft für den künftigen Frühling. Sie macht es
wie der Mensch. Auch dieser legt sich am Abend
zur Ruhe nieder. Der Schlaf stärkt ihn während
der Nacht. Im Herbste haben die Bäume ihren
Schmuck verloren. Die Blumen sind verblüht. Das
Gras ist verwelkt. Kein munterer Singvogel läßt
mehr sein Lied erschallen. Der Kälte wegen hüllen
sich die Menschen in warme Kleider. Im Zimmer
heizt man ein. Das Wasser gefriert vor Kälte.
Durch die Kälte gefrieren auch die Dünste in der
Luft. Sie fallen sodann als Schnee herab. Der
Schnee bedeckt die Erde wie ein warmer Teppich.

E. Die Wortfolge.

Du schreibst. (Behauptungssatz.)
Schreibst du? (Fragesatz.)
Wenn du doch schriebest! (Wunschsatz.)

Die Satzglieder können im Satze in verschiedener Ord=
nung auf einander folgen. Die Ordnung, wie sie stehen,
heißt die **Wortfolge.**

Steht im reinen einfachen Satze das Subjekt zuerst, so
hat derselbe die **natürliche** Wortfolge; steht das
Prädikat zuerst, die **versetzte** Wortfolge.

Gib folgenden Sätzen die versetzte Wortfolge!

Der Adler ist ein Raubvogel. Die Gans ist
ein Schwimmvogel. Der Mai ist ein Frühlingsmonat.
Der Oktober ist ein Herbstmonat. Die Luft ist
flüssig. Das Erz ist fest. Das Fischbein ist elastisch.
Die Kreide ist spröde.

Verbessere die fehlerhafte Wortfolge in folgenden erweiterten Sätzen!

Der Mann ist ein Ungar mit seiner Bunda. Jene Frau ist eine Hannakin mit ihrem Kopftuche. Dieser Baum ist eine Fichte mit seinen schmalen und spitzen Blättern. Der Haifisch verschlingt einen ganzen Menschen mit seinem weiten Rachen. Fertigkeit erhält man nur durch viele Übung im Schreiben. Die Gewöhnung ist nicht lobenswert an das lange Schlafen. Die Sucht ist verderblich zu gewinnen. Die Zeit ist im Sommer zu ärnten. Die Sterne verkündigen die Ehre Gottes am Himmel.

Verbessere!

Der Schüler hat geschrieben die Aufgabe. Wir haben gelöst die Räth'el. Die Kinder haben gesungen das Lied. Der Lehrer hat durchgesehen die schriftlichen Arbeiten. Der Reisende hat erstiegen den Berg. Der Reiter hat bestiegen das Pferd. Der Landmann wird bebauen das Feld. Er wird mähen das Getraide. Er wird dreschen den Weizen.

Verbessere!

Die Hausthiere gewähren großen Nutzen den Menschen. Der Wegweiser zeigt den Weg dem Reisenden. Ein gefälliger Schüler leiht gern entbehrliches Schulgeräth seinem Mitschüler. Die Landleute liefern Lebensmittel den Städtern. Der Wirt setzt Speisen dem Gaste vor. Der Gastwirt weiset ein Zimmer dem Reisenden an. Ein verständiger Vater schlägt ab manche Bitte dem Kinde. Er verzeiht den Fehler dem bittenden Kinde. Der Freigebige reicht ein Almosen dem Bettler.

Verbessere!

Der Nachtwächter hat gesehen ein Feuer vom Turme aus. Man hat gesehen einen Kometen auf der Sternwarte. Ich sah ausruhen den Wanderer in dem Schatten eines Baumes. Man findet nicht Salzquellen in allen Ländern.

Verbessere!

Jerusalem ist zerstört worden nach Christi Geburt siebzig Jahre. Die meisten Vögel ziehen in wärmere Länder im Herbst. Das französische Heer ist umgekommen in Rußland vor Kälte 1812. Die Türken umgaben mit Heeresmacht Wien 1683.

Der versetzten Wortfolge bedient man sich, wenn man gewisse Satztheile an die Spitze stellt, um sie hervor zu heben. Sie erhalten dann den Haupton, und der Satz gewinnt an Lebendigkeit.

Gib folgenden Sätzen die versetzte Wortfolge!

Gott hat einen fröhlichen Geber lieb. Die Macht des Feuers ist wohlthätig. Die Leiden der Erde sind vergänglich. Unser Leben gleicht einem Hauch. Der Tod ereilt uns gefürchtet und ungefürchtet. Die Hoffnung tröstet und täuscht den Menschen. (Es tröstet rc.) Gott läßt seine Sonne über Gerechte und Ungerechte aufgehen. Das Glück ist blind. Das Glück macht blind. Man sieht einem geschenkten Gaul nicht in's Maul. Der Geiz hat seinen Gott im Kasten. Er sucht seinen Himmel im Staube.

Gib folgenden Sätzen die natürliche Wortfolge!

Barmherzig und gnädig ist der Herr. Für den Unglücklichen ist die Religion die beste Trösterin. Des Menschen höchster Vorzug ist die Vernunft. Auf Gottes großem Weltmarkte sind alle Waren um Fleiß und Arbeit feil. Mit dem Hute in der Hand kommt man durch das ganze Land. Vor einem grauen Haupte sollst du aufstehen. In den Wundern der Natur finden wir der Gottheit Spur.

Inhalt.

A. Lautlehre.

Seite

§. 1. Die S = Laute 3
§. 2. x, chs, ch, v und qu 5

B. Formenlehre.

§. 3. Kenntniß des Hauptwortes 7
§. 4. Starke Biegung des Hauptwortes 8
§. 5. Schwache Biegung des Hauptwortes 11
§. 6. Gemischte Biegung des Hauptwortes 12
§. 7. Biegung der Eigennamen 15
§. 8. Fallbiegung des Haupt= und Beiwortes 16
§. 9. Die sechs Zeitformen des Zeitwortes 18
§. 10. Die Aussageweise oder Art des Zeitwortes . . . 22
§. 11. Das Mittelwort 26
§. 12. Die starke, schwache und gemischte Abwandlung des Zeitwortes 29
§. 13. Ablautende Zeitwörter 31
§. 14. Hilfszeitwörter 35
§. 15. Fürwörter 37
    1. Das persönliche Fürwort . . . . —
    2. Das besitzanzeigende Fürwort 40
    3. Das hinweisende Fürwort 42
    4. Das bezügliche Fürwort 43
    5. Das fragende Fürwort 46
    6. Das unbestimmte Fürwort 47
§. 16. Das Zahlwort 48
§. 17. Die Steigerung des Eigenschaftswortes 52

Seite

§. 18. Das Umstandswort 56
   1. Das Umstandswort des Ortes 5
   2. Das Umstandswort der Art und Weise 59
   3. Das Umstandswort der Zeit 60
§. 19. Das Vorwort 61
§. 20. Das Empfindungswort 73

C. Wortbildung.

§. 21. Wortbildung durch den Ablaut 74
§. 22. Wortbildung durch Vor= und Nachsilben . . . . —
§. 23. Wortbildung durch Zusammensetzung 76
§. 24. Wortfamilien 77

D. Satzlehre.

§. 25. Der reine einfache Satz 84
§. 26. Der erweiterte Satz 90

a. Die Beifügung.

   1. Das Beiwort und Mittelwort als Beifügung . . 90
   2. Das Fürwort und das Zahlwort als Beifügung . 91
   3. Das Hauptwort im Wessenfalle als Beifügung . —
   4. Das Hauptwort mit einem Vorworte als Beifügung 93
   5. Das Zeitwort in der Nennform mit dem Wört=
     chen „zu" als Beifügung . . . . —

b. Die Ergänzung.

   1. Die Ergänzung im Wenfalle 95
   2. Die Ergänzung im Wemfalle 97
   3. Die Ergänzung im Wessenfalle 99
   4. Die Ergänzung mit einem Haupt= oder Fürworte . 101

c. Umstände als Bestimmung der Thätigkeit.

   1. Der Umstand des Ortes 102
   2. Der Umstand der Zeit 104
   3. Der Umstand der Weise 105
   4. Der Umstand des Grundes 107

E. Die Wortfolge.